跟大師學創造力 6

瑞秋・卡森
與環境保育
＋
21個
生態實作

蘿薇娜・芮伊 Rowena Rae 著　周宜芳 譯

Rachel Carson
and Ecology

Her Life and Ideas with 21 Activities and Experiments

獻給我的父母——安與安格思，以及
我的女兒——吉妮維芙與梅德蓮

目　錄
CONTENTS

總導讀

鄭國威（泛科知識 知識長）

身為一介投身科學知識傳播與教育領域的文科生，我一直在找尋兩個問題的答案。第一個問題是，要怎樣讓比較適合文科的孩子不要放棄對理科的好奇心與興趣？第二個問題是，要怎樣讓適合理科的孩子未來能夠不要掉入「專業的詛咒」。

選擇理科或文科，通常不是學生自己由衷的選擇，而是為了避免嘮叨跟麻煩，由環境因素與外人角力出的一條最小阻力路徑。孩子對知識與世界的嚮往原本就跨界，哪管大人硬分出來的文科或理科？更何況，過往覺得有效率、犧牲程度可接受的集體教育方針，早被這個加速時代反噬。當人工智慧加上大數據，正在代理人類的記憶與決策，而手機以及各種物聯網裝置，正在成為我們肢體的延伸，「深度學習」怎麼會只是機器的事，我們人類更需要「深度的學習力」來應對更快速變化的未來。

根據國際學生能力評量計（PISA，Programme for International Student Assessment），臺灣學生雖然數理學科知識排名前列，但卻缺乏敘理、論證、思辯能力，閱讀素養普遍不足。這樣的偏食發展，導致文科理科隔閡更遠，大大影響了跨領域合作能力。

文科理科繼續隔離的危害，全世界都看見了，課綱也才需要一改再改。但這樣就能解決開頭問的兩個問題嗎？我發現的確有解法，而且非常簡單，那就是「讀寫科學史」，先讓孩子進入故事脈落，體驗科學知識與關鍵人物開展時到底在想什麼，接著鼓勵孩子用自己的話來回答「如果是你，你會怎麼做？」「如果情況變了，你認為當時的 XXX 會怎麼做？」等問題，來學習寫作與表達能力。

　　閱讀是 Input，寫作是 Output，孩子是否真的厲害，還得看他寫了什麼。炙手可熱的 STEAM 教育，如今也已經演變成了「STREAM」——其中的 R 指的就是閱讀與寫作能力（Reading & wRiting）。讓偏向文科的孩子多讀科學人物及科學史，追根溯源，才能真正體會其趣味，讓偏向理科的孩子多讀科學人物及科學史，更能加強閱讀與文字能力，不至於未來徒有專業而不曉溝通。

　　市面上科學家的故事版本眾多，各有優點。仔細閱讀過這系列，發現作者早就想到我尋覓許久才找到的解法。不僅故事與人物鋪陳有血有肉，資料詳實卻不壓迫，也精心設計了隨手就可以體驗書中人物生活與創造歷程的實驗活動，非常貼心。這套書並不只給孩子，我相信也適合每個還有好奇心的大人。

大事紀年表

1907 5 月 27 日，瑞秋・卡森在美國賓州泉谷鎮出生

1918 瑞秋撰寫的故事刊登在《聖尼古拉》雜誌，這是她第一篇出版的作品

1925 瑞秋以第一名從中學畢業

1929 瑞秋以極優等的榮譽從賓州女子大學畢業，取得生物學學位
瑞秋第一次看到海洋

1932 瑞秋取得約翰霍普金斯大學的碩士學位

1934 瑞秋放棄攻讀博士學位，從事全職工作

1935 父親羅伯特過世

1936 瑞秋到漁業局上班，擔任初級海洋生物學家

1937 姊姊瑪麗安過世，瑞秋的母親接手照顧瑪麗安的兩個女兒，分別是 12 歲的維吉妮雅和 11 歲的瑪喬莉
瑞秋的文章〈在海底〉刊登於《大西洋月刊》

1939 保羅・穆勒發現一種可以當殺蟲劑的化合物，名叫 DDT，成為世界上第一種廣泛運用的合成殺蟲劑

1941 瑞秋的第一本書《海風下》，由西蒙與舒斯特出版社出版

1951 瑞秋的第二本書《大藍海洋》，由牛津大學出版社出版，成為暢銷書

1952 瑞秋辭去美國魚類及野生動物管理局（前漁業局）的工作
瑞秋得到許多獎項，包括非小說類國家圖書獎和約翰布羅獎章、最佳自然寫作書籍獎，並入選美國藝術與文學學院院士

1955 瑞秋的第三本書《海之濱》由霍頓米夫林出版社出版

1957 外甥女瑪喬莉過世；瑞秋收養她 5 歲的外甥孫羅傑為養子

1958 母親瑪麗亞在 12 月過世，享壽 89 歲

1960 瑞秋接受乳房切除手術

1962 瑞秋的第四本書《寂靜的春天》，由霍頓米夫林出版社出版；瑞秋和這本書同時受到崇高的讚譽以及猛烈的批評
甘迺迪總統的科學顧問委員會出版一份報告，指出瑞秋在《寂靜的春天》裡的論述正確無誤

1963 哥倫比亞廣播公司播出「瑞秋・卡森的寂靜之春」電視節目，估計有 1000 萬至 1500 萬美國民眾觀看

1964 4 月 14 日，瑞秋逝世於馬里蘭州銀泉市，享年 57 歲

1965 1956 年發表的文章〈培養孩子的驚奇之心〉，在瑞秋離世後出版為《驚奇之心》一書

1972 美國宣布禁止使用 DDT；不久後許多國家也禁用 DDT

1980 卡特總統頒發總統自由勳章給瑞秋，由養子羅傑代她接受勳章

1946 年瑞秋‧卡森攝於船上，地點在維吉尼亞州的維科布島附近。〔照片來源：康乃迪克學院琳達‧里爾特殊蒐藏品與檔案中心〕

引言

　　一名女子在船上倚欄而立。她凝視著海洋，微風習習，吹皺了海面。這名叫做瑞秋·卡森的女子在許多方面都非常成功：她在政府漁業局擔任生物學家、出了一本關於海洋的書，而且有個甜蜜的家庭。但是，她並不因此感到滿足。她一直夢想著成為全職作家，可是她在幾年前出版的第一本書，讓她對寫書感到幻滅。她學的是海洋科學，她的興趣是研究鳥類和賞鳥、研究海洋與探索海岸、研究大自然和書寫自然。她的下一步要做什麼？她的未來會如何？

　　1946 年時的瑞秋·卡森還渾然不知，在接下來的幾年，她將成為家喻戶曉的人物，成為美國最知名的自然作家。她將面臨家庭的危機，還得和自己惡化的健康奮戰，在這一切的歷程當中，她不斷思考、持續閱讀和寫作。雖然在寫作時，她總覺得自己像是逆流的魚，但終究她會寫出優雅的文字，觸動數百萬人的情感與心靈，最終出版一本挑起人們的怒火，同時得到廣大讚譽、讓世界變得更美好的書。

年約五歲的瑞
秋·卡森正在讀
《小小夥伴》給她
名叫「糖果」的狗聽。
〔照片來源：康乃迪克學院琳達·
里爾特殊蒐藏品與檔案中心〕

Chapter 1

生物學之路

「在我的記憶裡，我對戶外世界和整個大自然，永遠都是興趣盎然。」——瑞秋·卡森，發表於 1954 年的一場演說。

大約 100 年前，某個 5 月的清晨，一名十四歲的女孩收拾好筆記本和照相機，打包了一份午餐。然後叫上她的狗，一起離開女孩與家人一起住的那幢小巧的賓州農莊，走過布滿露珠的草地，沿著小徑走進森林裡。自她有記憶以來，她就經常和母親一起，穿梭在這座樹林裡。她叫得出那些樹木和花朵的名字，也能根據鳥兒的叫聲、羽毛斑紋、甚至是鳥巢，辨識各種鳥類。

這天早晨，女孩和她的狗往山丘上走去。她們踩過地面厚實的松針，一陣辛香撲鼻而來，她沉醉在一片寧靜裡。一陣鳥鳴聲傳來，她凝神傾聽，音調像是「烏依曲哩、烏依曲哩」——她隨即在

筆記裡記錄下來。她認得這鳥，那是一隻馬里蘭黃喉地鶯。一人一狗循著鳥鳴聲走。女孩躡手躡腳，輕巧的穿梭在樹林間，不時停下來聆聽，走走停停。她的探索終於有了收穫：在一處陽光普照的灌木叢裡，她發現一只鳥巢，巢裡有「四顆閃著珍珠光澤的鳥蛋」。

女孩叫做瑞秋・卡森，她後來寫了一篇故事，講述那一天在森林裡的「尋巢記」。在那一天，她還發現了山齒鶉、黃鸝、杜鵑、蜂鳥和灶鳥的巢。她寫下她的探索經歷，投稿到《聖尼古拉》兒童讀物。這是瑞秋在那本雜誌刊出的第五篇故事，也是她第一篇公開發表的大自然主題報導。

這篇自然報導在 1922 年刊出，這時的瑞秋正朝著成為美國以及全世界最知名的「自然與環境鬥士」之路前進。她的成名之路並不尋常，以 1900 年代初期的女性來說尤其如此。首先，她成為研究自然的生態學家。再者，她結合她在生態學的知識和對寫作的興趣，並運用她研究科學的能力，撰文解釋這些觀念。她的文章吸引了成千上萬名讀者，讓他們得以窺見大自然的隱祕世界。她的最後一本書敲響人類正在破壞自然的警鐘，激勵那些想要保護環境的人。由此，她開啟了一場延續到今天的環境運動。

這個故事要從賓州一座俯瞰著阿勒格尼河的山丘、一片到處都有鳥兒在歌唱的森林，在那兒成長的瑞秋・卡森開始說起。

瑞秋的母親瑪麗亞・卡森，與父親羅伯特・卡森。〔照片來源：耶魯大學拜內克古籍善本圖書館〕

瑞秋 · 卡森和她的家人

1907 年 5 月 27 日，瑞秋·路易絲·卡森出生在這個初夏早晨，她是瑪麗亞與羅伯特·卡森夫婦的第三個孩子。瑞秋出生時，姊姊瑪麗安十歲，哥哥羅伯特八歲，兩個人都已經上學。對三十八歲的瑪麗亞來說，瑞秋是老天爺賜給她的禮物。瑪麗亞熱愛大自然，但她兩個較大的孩子對大自然都不感興趣。不過瑪麗亞感覺得到，瑞秋不一樣。

瑞秋的母親原姓麥克林，成長於華盛頓特區。她的學業表現出色，彈得一手好鋼琴，歌聲悅耳動聽。她上過大學，後來在學校當老師，並教鋼琴。瑪麗亞也是女子五人合唱團體「華盛頓五重唱」的成員。

還是嬰兒的瑞秋與哥哥羅伯特、姊姊瑪麗安的合照。〔照片來源：康乃迪克學院琳達·里爾特殊蒐藏品與檔案中心〕

瑞秋的父親羅伯特·卡森是家裡的老大。關於他人生早期的事蹟，找不到什麼紀錄，我們只知道他曾經參加教堂的合唱團。羅伯特三十歲的那年冬天，他所屬的男子四重唱團體參加一場合唱團聯誼會。有幾個合唱團上臺表演，其中一支隊伍就是華盛頓五重唱。這時，羅伯特遇見了二十五歲的瑪麗亞。他們兩人在隔年結婚，而瑪麗亞不得不放棄她的教學工作，因為在 1890 年代的美國，已婚女子不能教書。

卡森夫婦在賓州的坎農斯堡住了幾年。到了 1900 年，他們已經有兩個孩

子，也就是瑞秋的哥哥和姊姊。後來他們搬到位於阿勒格尼河畔的泉谷鎮，居民約 1200 人。羅伯特·卡森買下當地位於科爾法克斯山丘 64 公畝的土地，山丘頂座落著一幢四房住宅。房子沒有中央暖氣，室內也沒有自來水。卡森家要從房屋前的水井打水，挑著水桶進屋烹煮、洗滌。搬到這裡 7 年後，瑪麗亞在這幢房子生下瑞秋。瑞秋整個童年時期正是在這個家度過。

科爾法克斯山丘的地產

1900 年，泉谷鎮正在成長。蒸汽動力的輪船順著阿勒格尼河而下，把鐵、礦石、木材和油料運到 27 公里外的匹茲堡，因而這個地區吸引了無數工廠進駐。伴隨著工業發展而來的是人口的遷入，以及對住家和土地的需求。

羅伯特·卡森打算成為土地開發商，他以 1 萬 1 千美元（相當於今天的 34 萬美元）買下科爾法克斯山丘的大片土地，然後切割出售。羅伯特認為，泉谷鎮的經濟會持續成長，而他的土地將迅速銷售一空。但事與願違，1907 年金融危機襲擊美國，許多公司破產倒閉，大家紛紛把錢從銀行提領出來。買土地成了人們最後考慮的事。

幾年下來，羅伯特只賣出幾塊土地。他也做過旅遊保險業務員，但由於是論件計酬，收入並不穩定。後來，他到一家電力公司當電工。

瑪麗亞靠著教在地孩子鋼琴賺錢貼補家用，不過收入也很微薄。瑞秋的整個童年，家裡都處於經濟困難的狀態，有時候甚至連牛奶都買不起。

瑪麗亞·卡森與三個孩子的合照。〔照片來源：耶魯大學拜內克古籍善本圖書館〕

野生森林

卡森家沒有什麼錢，但是他們有很多林地。瑪麗安和羅伯特整天都在學校，而瑪麗亞會帶著小瑞秋外出，探索四周的環境。這對母女漫步於山丘和林間，她們聞聞花香、尋找昆蟲，並聽鳥兒歌唱。瑞秋學會叫出植物和動物的名字，觀察最微小的細節。一整天在森林裡遊蕩，讓她「開心得臉色發亮」。瑞秋十幾歲時就提筆寫作，她後來描述到，自己是個「相當孤獨的孩子，在森林裡和溪流邊消磨許多時光。」

瑞秋在大自然裡遊走，為每一個發現而開心不已，但她也意識到周遭的工業發展情況。在科爾法克斯山丘下，泉谷鎮因為電力公司、電燈公司和塑膠工廠的到來而愈來愈工業化，它現在是個可怕、髒亂而充滿惡臭的城鎮。瑞秋決定盡可能待在她的山丘和森林裡。

作家嶄露頭角

瑞秋熱愛大自然，也熱愛閱讀和寫作。她童年時最喜歡的書是碧雅翠絲・波特的故事書，還有肯尼思・葛拉罕的《柳林風聲》。瑞秋傳世的創作當中，有一本手工小書，內容是動物的畫作，每一幅畫都配上了一段文字。後來她還寫了一個關於兩隻鷦鷯找家的故事，標題是〈棕色小房子〉。

瑞秋十歲時，寫了一個關於加拿大飛機駕駛員的故事——這是她的哥哥

羅伯特曾在一封家書裡提到的一個人。羅伯特離家，加入美國空軍，參加第一次世界大戰。瑞秋將這篇作品投稿至她最喜歡的讀物《聖尼古拉》雜誌舉辦的徵文比賽。她的母親在頁面一角註明，這篇作品是她的女兒自己完成的。

瑞秋確信這篇故事能開啟她未來的職業生涯，但必須等到夏天過去才能確認。終於，《聖尼古拉》第 45 期送到了。瑞秋翻開雜誌，沒錯，她的故事化成了鉛字，印在書頁上。標題寫著：〈雲裡的戰鬥〉，作者：瑞秋·卡森（十歲）。不止這樣：她的故事還贏得銀牌獎！瑞秋為她的成功樂壞了，又再動手寫下另一個故事，參加下一次比賽。

在接下來幾年，瑞秋寫了更多故事，投稿到《聖尼古拉》雜誌，她的故事和名字刊印在雜誌上多達五次。並為她贏得金牌獎以及榮譽會員的頭銜，還有 10 美元的獎金。瑞秋寫上了癮，樂此不疲的向其他雜誌投稿，這份熱情影響了她接下來一生的發展。

（左圖）瑞秋大約十歲時，與身穿空軍制服的哥哥羅伯特、姊姊瑪麗安合照。〔照片來源：卡森家族，經瑞秋·卡森協會同意使用〕

（右圖）1873 年至 1943 年間出刊的《聖尼古拉》雜誌。〔照片來源：作者拍攝，雜誌為賓州泉谷鎮的瑞秋卡秋農莊所提供〕

用感官體驗大自然

瑞秋‧卡森最熱愛的事莫過於走進大自然。她有一雙銳利的眼睛，在觀察植物和動物時，能注意到各種小細節。在成為生物學家的路上，這些能力對她很有幫助。她透過仔細的觀察，了解生物與它們所處環境的關聯，以及環境又是如何影響它們。

觀察、了解自然世界的一個絕佳方法，就是靜靜坐著，注意周遭的動靜。用眼睛觀察只是體驗方式裡的一種，嗅聞、聆聽和觸摸也能幫助你了解世界，而且是非常有效的方法。

請準備：
◆ 配合氣候和季節挑選的舒適衣物
◆ 筆記本和鉛筆

1. 走到戶外，在你家的院子或是公園，找一個可以舒服的坐著或站著一段時間的地方。保持安靜，看看周遭。把你看到的寫下來或畫下來。
2. 閉上眼睛，用耳朵聽。你聽到什麼聲音？聲音從哪個方向來？你要如何形容、描述那些聲音？
3. 運用你的嗅覺。你有聞到任何氣味嗎？這些氣味讓你想到什麼？
4. 觸摸附近的東西，像是葉子、種莢、樹皮或石頭。它的觸感如何？你要如何向不曾來到這裡的人描述它？
5. 在探索自然時，絕對不要用第五感——味覺！有些植物的葉子、莓果等部分含有危險的毒素。
6. 記下你觀察到的事物。哪一種感官能給你最多的資訊？你最喜歡運用哪一種感官？哪一種感官最讓你感到驚奇？

7. 你注意到的那些事物，想一想它們之間有什麼關聯。為什麼這種植物、動物或石頭會在這裡？它們和這裡的其他東西如何互動？和你的世界有關嗎？

延伸活動：
換個季節回到同樣的地點，或是換個不同的環境，重覆你的觀察活動，比較不同季節或不同地點的觀察結果。兩者有何相似之處？有何不同？你喜歡哪一個？

求學時期

　　瑞秋就讀泉谷鎮的「學校街學校」。她的學業成績優異，但是經常缺課。有時候，瑞秋會連續請假好幾週。請假的原因，有時候是因為天氣惡劣，有時候是因為當時傳染病的威脅，像是麻疹和百日咳，有時候只是因為瑪麗亞喜歡和她聰慧的女兒待在一起，自己教女兒。在家自學期間，瑞秋不斷閱讀。她特別喜歡讀關於海洋的故事和詩，雖然她沒看過海洋。《白鯨記》和其他海洋冒險故事，還有《金銀島》，都是她喜歡的讀物。

傳染病與疫苗

　　傳染病流行時，瑞秋的母親經常把女兒留在家裡。傳染病是由病毒、細菌和其他病菌所引起的，會經由打噴嚏、咳嗽、使用同一個器皿，有時候甚至是觸摸同一件物品，在人與人之間傳播。一個世紀以前，麻疹、小兒麻痺和百日咳等傳染病，在美國及全世界導致無數人死亡。

　　直到科學家知道如何製造疫苗，才有了預防傳染病的方法。疫苗能讓身體產生對抗病菌的物質，叫做「抗體」。抗體能讓人體形成免疫力，也就是保護力，當病菌進入人體時，抗體會辨識並破壞病菌。1960 年代時，已經有好幾種疫苗問世，讓部分傳染病在美國已經完全絕跡，像是小兒麻痺。天花則在全世界已經絕跡。

　　一個群體如果大部分人都具有免疫力，疾病傳播的機會就很低。反之，具免疫力的人如果太少，疾病就會逐一攻擊脆弱的人。

由於長時間缺課，瑞秋交不到什麼朋友。事實上，她只有幾個朋友，而且這些朋友也不常來看她。瑞秋的家離城鎮中心有一段距離，而寒酸的家境也讓她覺得不好意思邀請朋友來家裡玩。瑪麗亞也不鼓勵瑞秋的朋友來家裡。瑞秋對她寧靜的生活很滿意，獨自沉浸在她的世界裡。

學校街學校最高的年級只到 10 年級（編按：相當臺灣的高中一年級），因此瑞秋在 3 公里外的帕納瑟斯中學上了兩年學。她每天搭電車往返。1925 年 5 月，她讀完 12 年級（編按：相當臺灣的高中三年級），從中學畢業。畢業紀念冊中，每位畢業生的照片旁都附上一首詩。瑞秋照片旁邊的詩句如下：

瑞秋就像正午的太陽
永遠耀眼明亮
她會不斷學習
一直到學會才罷休

瑞秋在畢業班以第一名的成績畢業。

到匹茲堡上大學

母親瑪麗亞堅持要讓瑞秋上大學，對此瑞秋沒有意見。事實上，瑞秋覺得很好，因為她渴望接受更高的教育。瑞秋輕輕鬆鬆就得到位於匹茲堡的賓州女子大學（今日查塔姆大學的前身）的入學許可，甚至還拿到獎學金，可

（左圖）1900 年在賓州匹茲堡附近的杜肯鎮，鐵工廠的夜間景像。〔照片來源：康乃迪克學院琳達‧里爾特殊蒐藏品與檔案中心〕

（右圖）寫作教授葛瑞絲‧克洛芙與瑞秋坐在校園一角。〔照片來源：康乃迪克學院琳達‧里爾特殊蒐藏品與檔案中心〕

以支付部分學費。瑪麗亞和羅伯特打算向銀行借錢，並賣掉部分土地，來負擔瑞秋其餘的學費。不過，一如以往，土地銷售得並不好。瑪麗亞必須多收一些學鋼琴的學生，多賺一點錢。她也賣蘋果、雞，甚至把家裡的瓷盤也拿出來賣。

瑞秋在 1925 年 9 月進入大學就讀。她住在宿舍，和一名室友同住。她身處於一座大城市——1920 年代的匹茲堡擁有超過 50 萬人口，號稱是世界的鋼鐵之都，但也是個髒亂的城市。空氣中瀰漫著工廠噴出的廢氣，厚重的灰塵覆蓋所有的東西，甚至遮蔽陽光。這裡和她泉谷鎮位於林地裡的家截然不同，但瑞秋目標明確：她要取得英國文學學士學位，成為作家。

葛瑞絲‧克洛芙是瑞秋的英文寫作教授。短短幾個月，克洛芙小姐成為瑞秋的導師和朋友。這兩位女子經常在一天課堂結束後一起喝茶，或是坐在

校園的長椅上閒聊。大學的第一年，瑞秋的寫作就讓克洛芙小姐驚艷不已。她寫的故事裡有一篇題名為〈船燈大師〉，以生動的文字描述海洋和海岸，雖然瑞秋那時還沒有見過海。克洛芙小姐給這篇海洋主題文章的一則評語特別提到：瑞秋善於把複雜的資訊轉化為引人入勝的故事。這種能力對她往後的寫作生涯助益良多。

瑞秋大學一年級的學業成績優異，然而她經常獨來獨往，沒有幾個朋友。一方面是因為她志在學習，磨練寫作能力，另一方面則是她的個性自信而獨立，許多女生因此認為她有點不友善。雖然瑞秋很少參加校內或其他學校舉辦的茶會或舞會，但還是參與過大學裡的一些活動。她參加草地曲棍球隊，也參加高年級舞會，偶爾還會出席非正式的社交場合。有一次，在一個下雪的冬天晚上，瑞秋和一群女生摸黑外出滑雪橇，後來回到屋子裡，她們圍坐在爐火旁，在深夜裡享用一頓大餐。在瑞秋的回憶裡，這是她在大學度過最美好的夜晚之一。

瑞秋的母親幾乎每個星期六都來大學看她，這點讓瑞秋的社交生活更添曲折。瑪麗亞來訪時，全部的注意力都放在瑞秋身上。這對母

賓州女子大學草地曲棍球隊的合照，瑞秋站在後排右二。〔照片來源：查塔姆大學檔案與特殊蒐藏館〕

女會一起在圖書館閱讀，或是坐在瑞秋的床上，吃母親從家裡帶來的餅乾。有時候，瑪麗亞會幫瑞秋的論文和故事創作打字，這件事後來成為瑪麗亞一生的工作。

瑞秋並不在意媽媽經常來訪。童年時期，瑪麗亞是她最親密的玩伴，這種陪伴關係延伸並貫穿她的成人時期。瑞秋知道，她的母親為了讓她上大學，做了許多犧牲。她的母親應該得到一個機會，享受一下大學的氣息，這樣似乎才公平。

緊繃的家庭氣氛

瑪麗亞定期在週末探訪瑞秋，這讓她可以離開泉谷鎮的家，喘一口氣。瑞秋的姊姊瑪麗安在瑞秋八歲時結婚，卻在 3 年後離婚。瑞秋初上大學時，瑪麗安和她的第二任丈夫生了一個女兒，還有一個在肚子裡，然而這場婚姻也岌岌可危。瑞秋的哥哥羅伯特，同樣處在關係緊張的婚姻裡，並有一個挑食、正在長牙的寶寶。

瑞秋在大學第一年學期結束後的 6 月回到家，那個夏天，她面對一屋子的擁擠和吵鬧。家裡共有 9 個人同住一屋簷下：她的父親和母親；她的哥哥和嫂嫂，以及他們襁褓中的女兒；她的姊姊，帶著兩個女兒，一個是幼兒，另一個還是嬰兒。瑞秋盡全力幫忙照顧她年幼的姪女和兩個外甥女，但是只要情況許可，她就會出逃到她心愛的森林裡漫步。

生物學入門

在大學的第二年，瑞秋選修了克洛芙小姐開的寫作課，另外也選了一門生物學，因為大學要求每個學生至少要修一門科學課。入門生物學是由瑪麗·史考特·史金克教授所講授，她是一位活力十足而迷人的女士，對學生的要求很高。許多學生因為史金克小姐嚴格的要求而不選她的課，不過，她會為用功的學生投注許多時間，而且經常鼓勵他們，即使他們不擅長生物學。

瑞秋熱愛學習與研究，她非常用功，在生物學的學習表現非常出色。她的好奇心與深厚的自然史知識，讓史金克小姐留下深刻的印象。教授的正面評語與關注，也讓瑞秋對生物學愈來愈有熱情。瑞秋會在課後留下來問問題——她想要

大家來寫俳句

瑞秋·卡森從小讀詩，在賓州女子大學時期也讀詩。她也寫詩。詩有很多不同的寫作格式，而源於日本的俳句，就是以大自然為主題而聞名的詩作格式。

傳統的日本俳句，著重於描寫剎那之間的情感，或是透過感官描述形象。俳句是由三個短句所組成，共 17 個字，以 5-7-5 的格式排列，第一句和第三句有 5 個字，第二句有 7 個字。

以下是俳句的範本，以大片大片的土地陷入火海為情景寫下的俳句：

霓橘的太陽
緩步在陰暗天空
森林遍地火

現在，請你大顯身手，試寫一篇俳句。

請準備：
◆ 紙和筆

1. 列出自然界裡讓你感興趣的事物，如動物、植物或風景。
2. 從你列出的項目裡挑選一個主題，寫下描述那件事物或與它相關的字詞。你可以想動詞、形容詞或是情感。
3. 寫下俳句的第一句。目標是能喚醒感官的生動描述或文字。
4. 繼續寫第二句。大聲唸出來，注意字數是否符合格式。
5. 寫下最後一句。在最後一句，試著做一個轉折或抒發領悟，或是觸動讀者的情感。
6. 如果你對你寫的俳句覺得滿意，重新整齊抄寫一份，分享給家人或同學看。

生物學教授瑪麗·史考特·史金克。〔照片來源：查塔姆大學檔案與特殊蒐藏館〕

知道史金克小姐知道的所有知識。生物課以及充滿活力的老師，為瑞秋打開一扇新的窗戶。透過這扇窗，她看到另一種方式，可以沉浸於她所深愛的大自然。

大自然的生物學

瑞秋不知道的是，她其實已經愛上這門名叫「生態學」的科學，研究的是植物和動物彼此之間、與它們所處環境的交互作用。生態學家是從事這項工作的科學家，他們探究有機體，也就是所有具有生命的東西，為什麼以及如何在它們所在的地方生活。

在1990年代初期，生態學才剛萌芽，「生態學」和「生態學家」等名詞還不普遍。瑞秋·卡森沒有自稱是生態學家，然而她一再寫作撰述的，是生態學的一個基本觀念：自然界的萬事萬物都相互有關，沒有任何一個生命能單獨生存。一個地區的每一種生命和無生命的實體特質，如土壤、岩石和水，構成一個生態系。生態系的規模可大至一整座森林或海洋，也可以小至一根腐朽的木頭，或一個潮池。每種生物，無論是植物或動物，都需要有棲息的地方、有食物可以吃，還有某些特定的條件，才能成長、生存和繁殖。生物體憑藉著所有這些事物，占據一個生態區位，也稱為「棲位」。我們可以把生態區位想成有機體在生態系裡扮演的角色。

每當瑞秋走進她家附近的森林，都能看到生物和生物之間、生物和環境

之間的關連。例如，長在石頭上的青苔、兔子吃草來維持生命和成長、鳥兒採集小樹枝用來築巢，或是狐狸捕捉老鼠來餵養小狐狸。瑞秋在童年時期對大自然的探索和觀察，早已培養她理解植物和動物彼此之間、與環境之間關聯的能力。跟著史金克小姐研究生物學，讓瑞秋進一步發現那些產生關聯的方式和原因，理解生態系統的運作方式。

困難的抉擇

瑞秋雖然找到生物學這個新歡，卻從來不曾失去對寫作的抱負。她加入大學的學生報紙《箭》和文學刊物《文碼》的工作團隊。克洛芙小姐是這些刊物的指導老師，她鼓勵瑞秋，不只加入這兩本刊物的工作，也為這兩本刊物寫作。瑞秋在大學時期，在《文碼》發表了許多文章，其中有一篇還贏得了大學的歐米茄文學獎。

接近大學生活第二年的尾聲，這時瑞秋開始體認到，她的學習正朝著生物學的方向走，多於朝向英國文學。此時她面臨一個兩難的抉擇：她應該繼續主修英文，成為作家？還是應該轉換到生物學，成為科學家？在 1920 年代，文學和科學是不同的領域，瑞秋必須在兩條路中選一條走。

一個暴風雨之夜，呼嘯的狂風把磚造建築的窗戶吹得喀啦喀啦響，瑞秋獨自坐在她的宿舍房間，讀著克洛芙小姐指定閱讀的詩作。那是將近 100 年前，英國詩人丁尼生寫下的一首長詩。她讀到最後一行：「強風揚起，拂向海

洋，我也跟著乘風而去。」這些文字讓瑞秋的心頭湧上滿滿的情緒。多年後，她在一封給朋友的信裡憶及那次經歷：「那行詩句向著我的內心深處對話，」她寫道，「我的志向或許就和海洋有關。」

瑞秋選擇主修生物學。

一條難以追隨的路

史金克小姐知道瑞秋決定主修生物學，覺得很高興。兩人之間的友誼不斷滋長。這份朋友與師生之誼，一直延續多年，直到史金克教授離世。

瑞秋在大學的第三年課程都是科學和野外實地考察，這正合瑞秋的心意。史金克小姐經常帶她的學生到郊區懷德伍的池塘和溪流，觀察自然、蒐集標本。瑞秋對自然的熱愛與她的老師不相上下。她們都渴望保衛自然，讓大自然保持野生狀態。

第三年學期將要結束時，瑞秋得知史金克小姐要離開教職，去完成她的博士學位，很是難過。在 1920 和 1930 年代，女性要歷盡千辛萬苦才能成為科學家，因為那時世人認為科學是男性的職業。即使是堅持學業並取得科學學位的女性，通常也很難以科學家為職業，最多只能在女子大學擔任教師。史金克小姐在取得碩士學位之後，到賓州女子大學任教，並利用暑假在約翰霍普金斯大學修課，攻讀博士學位。她認為如果自己要在事業上更進一步，就需要完成博士學位。

瑞秋聽到史金克小姐的決定時，第一個念頭是：自己也去就讀約翰霍普金斯大學。即使在四年制的賓州女子大學只完成 3 年課程，她卻直接申請約翰霍普金斯大學的碩士班。結果，她成功錄取了！不過，她遇到一個難題：沒有大學學位的學生要就讀碩士班，學費會比較高。瑞秋和家人的經濟情況已經很拮据，他們在賓州女子大學已經積欠超過 1500 美元，相當於今天的 2 萬 2 千美元。要付更多錢去念約翰霍普金斯大學，根本是不可能的事。

　　最後瑞秋放棄轉學，選擇繼續待在賓州女子大學。讓瑞秋更加失望的是，克洛芙小姐也離開了在這裡的教職。瑞秋在大學第四年的學習，勤奮用功，竭盡所能的向接任生物學課程的安娜·懷汀博士學習。但是，她很快就明白，懷汀博士與史金克小姐兩人的志趣，屬於完全不同的領域。懷汀是家畜育種博士，對自然科學所知不多，而且對於野外考察也沒有興趣。瑞秋覺得很苦惱，因為她無法學習到繼續深造生物學所必要的訓練。

　　不過，在大學的第四年，瑞秋再次申請約翰霍普金斯大學，希望能夠在接下來的 9 月開始攻讀碩士學位。約翰霍普金斯大學再次錄取她，而且這一次，部分要感謝史金克小姐寫的推薦信，瑞秋還得到一份獎學金，可以全額減免學費。為瑞秋感到萬分自豪的母親，還特別要求賓州女子大學的校刊登出這則新聞。

　　1929 年 6 月，瑞秋·卡森從賓州女子大學畢業，這時的她已經準備好離開匹茲堡這座工業城市，往東方前行。這項轉變會帶領她更接近海洋，也更接近她成為生物學家的夢想。

瑞秋在賓州女子大學畢業紀念冊裡的照片。
〔照片來源：查塔姆大學檔案與特殊蒐藏館〕

坐在一艘研究船
甲板上的瑞秋，攝
於麻州伍茲霍爾。〔照
片來源：瑪莉・弗萊耶攝，經
瑞秋・卡森協會同意使用。〕

Chapter 2

初探海洋

「說真的，在如此廣闊、神祕而蘊藏著無邊力量的事物面前，沒有人類的語言可以形容。」——瑞秋‧卡森在 1958 年於《假期》發表的文章〈瞬息萬變的海岸〉，描述站在海濱的體驗。

19 29 年 7 月，瑞秋‧卡森從泉谷鎮出發，展開人生的冒險旅程，在此之前，她從來沒有離家這麼遠過。她母親不再能每週末來看她。瑞秋先到巴爾的摩，在約翰霍普金斯大學的霍姆伍德校區附近找到住處。學校 10 月才開學，但是她想要先確定她在科學碩士課程開始時已經有落腳的地方，然後好好享受她的夏天。

瑞秋計畫先到維吉尼亞州拜訪她之前的老師、現在是好朋友的史金克小姐。要去史金克家，她必須搭兩段巴士，再轉計程車，最後騎馬走 6 公里多爬坡路。對於一個從來不曾獨自離家到遠方、甚至不曾隻身前往未知目的地的二十二歲女孩來說，這趟旅程有一點緊張，也很開心。瑞秋與史金克一起健行、聊天，度過開心的幾天之後，兩人一起下山，搭巴士到華盛頓特區。瑞秋向史金克告別，搭上前往紐約市的火車，而接下來，她將第一次看到海洋。

愉快的夏天

7 月下旬的一天晚上，瑞秋登上一艘客船，前往麻州的紐貝德福。她在那裡轉乘另一艘船，航向伍茲霍爾。她在一封寫給朋友的信裡說，她第一次的海洋體驗，感覺「美極了」。

伍茲霍爾是海洋生物實驗室的所在地，它成立於 1888 年，直到今日仍然蓬勃發展。那個夏天，瑞秋得到一份暑期工作，到那裡擔任 6 週的初級調查員。不同於 1920 年代的許多研究機構，海洋生物實驗室對男性和女性一視同仁，雖然那裡的男性人數遠遠

1920 年代的一張明信片，印有麻州伍茲霍爾的海洋生物實驗室和其周遭環境。〔照片來源：伍茲霍爾歷史博物館〕

多過女性。實驗室鼓勵研究人員合作，不分男女，也不分接受過完整訓練的生物學家或是剛入門的學生。這是個能讓純粹懷抱生物學熱情、志同道合的人，自在的研究討論、解決科學問題的地方。

瑞秋在克雷恩大樓裡的一間實驗室裡工作，任務是為她的碩士學位構思研究計畫。她花很多時間在圖書館思考，最後決定了她的計畫：她要比較蜥蜴和蛇的腦神經，看看這兩種爬蟲類神經的外觀和運作方式是否一樣。這類研究稱為「比較研究」，需要利用顯微鏡和仔細的解剖。

一開始，瑞秋懷疑自己的能力。她擔心自己在大學最後一年、內容貧乏的生物學課程，會讓她無法勝任比較研究的工作。不過，那個夏天，實驗室的合作氛圍重振她的信心。瑞秋待在伍茲霍爾的期間，不只是在圖書館裡、顯微鏡前做研究，她也認識了教職員和其他學生、與他們談話閒聊，還乘船出遊，沿著海灣從海床撈取植物和動物，並在公家的研究船上待一整天，到深海蒐集生物。她甚至還去學游泳。

瑞秋在大學的朋友瑪莉・弗萊耶也在伍茲霍爾。她們一起在退潮時的海邊漫步好幾個小時，觀察潮池生物，像是海葵和海膽。滿月的夜晚，她們到碼頭觀察大群正在交配的蠕蟲，纏繞扭動的壯觀情景。

海洋的聲音、氣味和景象……，關於海洋的一切，都讓瑞秋深深著迷。奇妙的海洋生物，以及關於海洋的許多奧祕，都將伴隨著她一生。

自然界的生態系

．．．．．．．．．．．．．．．．．

瑞秋在探索潮池時，同時接觸到有生命的生物和無生命的非生物。所有的生態系，無論有多大或多小，都包含有生命的生物，像是細菌、真菌、植物和動物等，和無生命的要素，如陽光、水、空氣和土壤。生物和它們所在的環境產生物理和化學交互作用，這些環境構成生物的棲地——它們居住的地方。

瑞秋親眼看到海葵怎樣在潮池的岩石上找到穩固的立足點。她注意到在陽光映照下斑斑點點的海草，從陽光獲得進行光合作用的能量。以及水母脆弱的身體如何以水做為支撐懸浮在水中。所有這些生物，如果沒有無生物的幫助，沒有任何生命能夠像現在這樣存活著。

生態系裡的生物構成一個群落，群落裡的成員彼此交互作用。海葵舞動像手指般的觸手，製造微小的水流，讓漂浮的浮游生物隨著水流靠攏過來，海葵的觸手便可以抓住它們，大飽口福。一條魚衝進海草的長葉下，躲避海鳥的捕食。烏賊噴出墨汁，把水弄混濁，好逃過掠食者的攻擊。這些互動都顯示大自然的所有事物是彼此連結。瑞秋在她所有的寫作作品裡都強調著自然裡的互動關係。一個生物或生態系的一部分若是遭遇什麼事，其他生物以及生態系的其他部分也會跟隨受到影響。

例如，成年的太平洋鮭魚定期從海洋洄游到河流，牠們逆流而上，長途跋涉，游到河流上游產卵。鮭魚一產完卵生命就結束了，屍體成為其他各種生物的大餐，像是熊、老鷹、昆蟲和細菌。現在，假設有土石流隔斷水流，鮭魚無法游到上游產卵，在抵達目的地之前的數公里處就死亡。過去以鮭魚

製作鳥食糕

你可以在戶外掛一副餵鳥器，讓鳥兒飽餐一頓，尤其是在冬天。雖然市面上買得到各式各樣的餵鳥器，但是只要幾種材料，你也可以自己製作。

請準備：
- 6 到 8 個蛋糕模型
- 烤盤
- 烘焙紙（非必要）
- 1 大匙植物油
- 1 包無調味的吉利丁粉
- 2 大匙冷水
- 1/3 杯滾開的沸水
- 2 杯鳥食：任何種子都可以，小型的種子效果最好，如油菊籽、蜀黍籽、小米和去殼的葵花籽等
- 湯匙
- 烤肉串籤或牙籤
- 繩子或棉線
- 6 到 8 根小樹枝，長約 15 公分

1. 在蛋糕模型內面塗上一層植物油，放在烤盤上，烤盤上鋪一層烘焙紙（沒有也可以）。
2. 把吉利丁粉倒進冷水，攪拌後靜置約 1 分鐘。
3. 把滾熱的沸水倒進吉利丁溶液，攪拌到融化。
4. 把鳥食加進吉利丁溶液，混合均勻，讓所有種子都裹上溶液。
5. 用湯匙把混合種子舀進蛋糕模型裡，壓緊。
6. 用串肉籤或牙籤在每個鳥食糕挖一個小洞。

7. 放進冰箱 2-3 個小時或隔夜再取出，讓鳥食糕凝固。

8. 把鳥食糕從冰箱取出，放在室溫下回溫。
9. 輕輕的把鳥食糕脫模，用繩子或棉線穿過糕餅上的小孔，打一個繩結，做成繩圈。
10. 小樹枝穿過小洞，讓鳥可以停在上面。

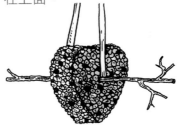

11. 把鳥食糕掛在樹枝上，或是掛在你家窗外。
12. 現在，你可以欣賞鳥兒來啄食你做的鳥食糕了！

注意：如果你做多了，想要保存一段時間再掛出來，可以把多的鳥食糕放到冰箱的冷藏室，甚至可以冷凍保存，以免它們發霉。

為食的上游動物，突然間面臨了食物短缺。這時，牠們的數量可能會愈來愈少，或是生養的後代數量減少，或者遷徙到別處，這全都是因為生態系裡的某個環節出了事情。瑞秋有一次寫到這真實發生在卑詩省太平洋鮭魚身上的一幕。「1913 年時，」她寫道，「弗雷澤河距離海口 200 多公里處，也就是人稱『地獄之門』的一個狹窄通道，發生土石流，數百萬隻鮭魚因而無法抵達產卵地。這場事故不只把鮭魚的完整遷徙週期幾乎摧毀殆盡，也對鮭魚未來的遷徙週期構成障礙。」

瑞秋終其一生都在思考大自然裡的各種關係，以及改變或打破那些關係的後果。

碩士生的日子

在伍茲霍爾的夏天尾聲，瑞秋安排了一個短短的假期，回到泉谷鎮探望家人。接下來，她在巴爾的摩找到住所，安頓下來，並在約翰霍普金斯大學的吉爾曼學堂，萊恩亞特‧考爾斯教授的動物實驗室展開研究。瑞秋在第一年修習各種科學課程，如植物學、生理學、基因學和有機化學。生物學系所學生的男女比例大約是 3 比 1。在她選修的一門化學課，全班 70 個學生裡只有 2 個女生。不過瑞秋毫不在意，將大部分時間都花在實驗室進行她的研究計畫。

然而，實驗進行得不算順利。她費盡千辛萬苦才從爬蟲類神經的解剖得

到足夠的有用資料，用於她的比較研究。她換了研究主題，改成研究響尾蛇的頰窩——位於頭部兩側的凹洞，是響尾蛇用來感覺溫血動物體溫的器官。後來這項計畫四處碰壁，她又轉而研究松鼠的胚胎，也就是未出生動物的發展早期。但是，成年松鼠卻遲遲不交配，無法產生她需要的胚胎。瑞秋曾經寫信給一位朋友，訴說她的氣餒，在字裡行間流露她的無奈。她說，因為沒有松鼠胚胎，她沒有東西可以研究，情況「就是這麼簡單」。最後，考爾斯教授建議瑞秋研究魚類的泌尿系統，這項研究計畫終於得以順利進行。

經濟大恐慌來攪局

瑞秋在攻讀碩士學位時，實驗一波三折，但這並不是她在那段時期所面臨的唯一壓力。經濟大恐慌造成大眾普遍失業、財務陷入困境，因此瑞秋一家在 1930 年

經濟大恐慌

「經濟大恐慌」指的是 1930 年代到 1940 年代初期的這段期間，全世界各國經歷的嚴重經濟衰退。美國、加拿大、歐洲和其他地方的經濟情況都像溜溜滑梯似的嚴重下滑。先是 1929 年秋天，幣值崩跌，數百家銀行和企業倒閉，人們也失去工作。在經濟大恐慌最嚴重的時候，美國有將近四分之一就業年齡的成人找不到工作。許多家庭失去他們的房子，也沒有錢買食物。同時，西南部的北美大平原，遭遇一連串嚴重的乾旱和沙塵暴，農人因此種不出作物，也養不活牲口。許多農田被棄置荒廢。

這場經濟危機在第二次世界大戰，1939 年到 1945 年期間結束，因為戰爭需要各種物資，於是工廠重新開工。美國在 1941 年加入戰爭，年輕人被徵召加入軍隊。無論在本國或海外，數百萬美國人重新獲得工作，有能力養家活口，經濟於是成長復甦。

1930 年代被沙塵暴覆蓋的農莊建築。〔照片來源：亞瑟·羅斯汀攝／美國國會圖書館印刷品與照片部門〕

（左圖）瑞秋在約翰霍普金斯大學的入學照。〔照片來源：卡森家族收藏，經瑞秋・卡森協會同意後使用。〕

（右圖）吉爾曼學堂。瑞秋在這棟建築物裡度過她在約翰霍普金斯大學學習的許多時光。〔照片來源：作者拍攝〕

代從泉谷鎮搬到巴爾的摩，希望在這裡能更容易找工作。他們在城市東北郊區租了一間房子，房子裡有水管，雖然還是沒有中央暖氣。

瑞秋搬去和父母同住。她離婚兩次的姊姊瑪麗安、她的兩個外甥女也在同年稍後搬進來。連她的哥哥羅伯特也在 1937 年時搬來短暫住了一段時間。羅伯特在巴爾的摩找到工作，但是對家裡的經濟沒有什麼幫助。有一次，他收到 1 隻波斯貓和 3 隻小貓，做為工資。瑞秋小時候養狗當寵物，陪著她長大，這回她愛上了這些毛絨絨的小東西。自此之後，她的一生都在家養貓，與她相伴。

在約翰霍普金斯展開學業的第一個夏天，瑞秋在大學擔任暑期生物課的助教。但是，即使有這份收入和一份獎學金，她和她的家人仍然沒有足夠的錢，讓她在秋天以全職學生註冊入學。瑞秋別無選擇，只能當兼職學生，同時找了一份兼職工作。那一年，她在大學的醫學院當實驗室助理，隔年，她在馬里蘭大學的牙醫學院教生物學。

瑞秋在 1932 年 6 月取得科學碩士學位。接著，她繼續進入約翰霍普金斯大學博士班，攻讀博士學位。這一次，她的研究計畫和滿滿一缸鰻魚有關。她對於牠們的生命週期感到著迷；鰻魚在淡水溪流裡成長，然後長途洄游到遠方的海洋去繁殖。瑞秋打算研究這些形態像蛇一樣，身體長長的魚如何在

瑞秋‧卡森深受動物吸引，她一生的寫作主題涵蓋鳥類、魚類和昆蟲。動物的遷徙是自然界最壯觀、最神祕的事件之一。

在全球，科學家已經找出候鳥在冬季覓食地和夏季繁殖地之間遷徙的主要路徑，候鳥遷徙路徑所經過的區域又稱為「遷飛區」。遷飛區的概念，有助於科學家研究鳥類的遷徙路徑和棲息需求。全球有八大遷飛區：中亞─印度遷飛區、地中海─黑海遷飛區、東非─西亞遷飛區、東大西洋遷飛區、美洲─太平洋遷飛區、美洲─密西西比遷飛區、美洲─大西洋遷飛區，每年途經的候鳥數以千萬計，臺灣則處於東亞─澳大利亞遷飛區內。

臺灣常見的候鳥有：小水鴨、青足鷸、白腹鶇、東方環頸鴴、灰面琵鷺、灰面鵟鷹、蒼鷺、燕鴴、黃頭鷺等。

請準備：

◆ 本書裡的地圖影本，或是在網路上蒐尋「鳥類遷飛區」地圖，並印出你找到的地圖

◆ 6色麥克筆或色鉛筆：3枝深色，3枝淺色

◆ 可查詢資料的資源，如圖書館或網路

1. 利用臺灣鳥類指南或是網站、鳥類圖鑑，找到 3 種候鳥。

2. 找出各種候鳥冬天覓食和夏天繁殖所在的地點。用 3 種深色筆分

全球候鳥遷飛區

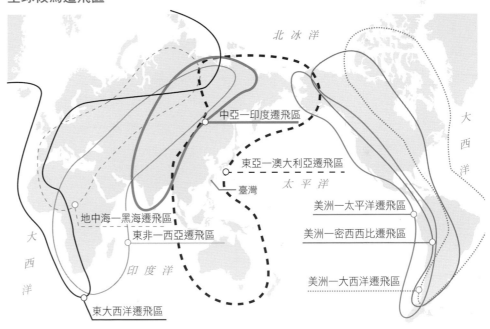

北冰洋

中亞─印度遷飛區

東亞─澳大利亞遷飛區

臺灣

太平洋

美洲─太平洋遷飛區

地中海─黑海遷飛區

東非─西亞遷飛區

美洲─密西西比遷飛區

大西洋

印度洋

大西洋

東大西洋遷飛區

美洲─大西洋遷飛區

別為 3 種鳥在地圖上標示冬天地點，並用 3 種淺色筆標示夏天地點。同一種鳥用同樣的色系，例如：深藍色和淺藍色、深綠色和淺綠色等等。

3. 各種鳥飛經哪條路徑或哪些遷飛區？種類有重複嗎？有任何一種的棲地位於你所在的地區？

延伸活動：

研究你在地圖上標示的鳥類，找出牠們在冬天和夏天的棲息地，像是濕地、草地、岩岸，還有牠們在遷徙中途為了覓食或休息而著陸的停留地點。

遷徙期間改變生活方式，從在淡水河流裡生活，轉變到鹹水海洋裡生活。

接下來的兩年，瑞秋繼續她的博士研究工作，但是錢一直是個問題。她的姊姊患上糖尿病，經常無法工作。她的哥哥也只是偶爾才有工作，雖然他已經搬出家門，自立門戶。有個鄰居後來提到，有一次他在晚餐時間順道拜訪卡森家，他們的餐桌上除了一碗蘋果，什麼都沒有。

家裡的傷心事

1930 年代初期，拜訪卡森家的朋友都看得出來，瑞秋和她母親對彼此的全心付出。從瑞秋的童年到大學時期，母女兩人培養的深厚情感，一直延續並陪伴她們一生。有位朋友提到，瑞秋的父親似乎病了，但是在瑞秋給朋友的信中，卻不曾提到父親的病。

1934 年時，家裡的經濟狀況糟到瑞秋不得不休學，停止攻讀博士，去找全職工作。她繼續在牙醫學院教生物學，同時尋找全職的教職。她願意搬到東部任何一州，但是在經濟大恐慌下，工作機會寥寥無幾。

在這段緊張的期間，瑞秋做了兩件影響她往後一生的事。第一，她找出在大學時期寫的一些詩和短篇故事，重新修改，然後投

稿到各家雜誌。雖然她的作品全都遭到雜誌社退稿，但是瑞秋藉此重新燃起了對寫作的熱愛。第二，在朋友史金克小姐的鼓勵下，瑞秋參加了考試，申請聯邦政府的科學工作。她在 1935 年 1 月參加一項考試，在 5 月參加兩項考試，全部都合格通過。

彷彿老天爺覺得卡森一家的生活還不夠艱辛似的，7 月時，瑞秋的父親到後院透透氣，卻突然昏倒，然後就再也沒有醒來，他死時七十一歲。瑪麗亞安排將她丈夫的遺體送到賓州坎農斯堡的家族土地安葬。家裡用錢非常緊，因此瑞秋和哥哥、姊姊還有她的母親，都無法扶靈同行，前往參加葬禮。

這時二十八歲的瑞秋要為父親守喪，並一肩挑起一家之主的擔子。她必須賺錢養家，照顧自己和母親，也要接濟她的姊姊和兩個外甥女。

瑞秋・卡森在
麻州伍茲霍爾賞
鳥。〔照片來源:雪莉・
布里格斯攝,經瑞秋・卡森
協會同意使用〕

Chapter 3

書寫海洋

「要感受海洋生物生活的水中世界,我們必須卸除身為人類的認知……想像自己進入一個充滿水的宇宙。」──瑞秋·卡森,〈在海底〉,1937 年。

在父喪幾個月後,瑞秋·卡森進入政府機關,擔任生物學家的工作。她接受史金克小姐的建議,去見在美國漁業局工作的艾爾默·希金斯。瑞秋見到希金斯之後得知,部門沒有任何職缺,但是他手邊確實有個工作:他的部門獲派一項任務,要寫 52 集介紹海洋生物的廣播節目腳本。希金斯的部門人員了解海洋生物,卻沒辦法把他們的專業轉換成大眾可以理解的有趣知識。他需要一個既了解海洋生物學、又擅長寫作的人。

而瑞秋是適合的人選。她後來回憶起這段往事,「他(希金斯)和我談了幾分鐘,然後說:『我沒讀過你寫的東西,不過我想冒險賭一下。』」他雇用了瑞秋撰寫廣播腳本。

寫作的題材

這項專案的正式名稱是「水下的浪漫」,不過在希金斯的辦公室裡,每個人都把廣播節目腳本稱為「七分鐘魚故事」,因為每一集的播出時間都是 7 分鐘。瑞秋一週兩次搭公車到華盛頓特區的漁業局寫節目腳本。她每天的薪資是 6 塊半美元。長達 8 個月的期間,她不斷撰寫腳本,每週在 CBS 廣播網播出 1 集。這個廣播單元受到大眾喜愛,等到專案結束時,希金斯知道雇用瑞秋的這個決定賭對了。

接下來,希金斯請她寫一篇關於海洋生物的文章,讓他可以用在一本政府出版品裡。瑞秋同意,並著手寫作。1936 年 4 月,她把一篇名為〈水世界〉的文章交給希金斯。希金斯立刻閱讀,瑞秋就在他堆滿文件的辦公桌旁坐下,靜靜等待著。不久,希金斯抬起頭來,眼中閃著光芒,對瑞秋說:「把這篇文章投稿到《大西洋》雜誌。」

在波士頓出刊的《大西洋》雜誌是當時地位崇高的文學雜誌,現在依然還是。希金斯讚賞她文章中流露的溫暖筆觸,這讓瑞秋十分開心。她修改了幾個地方後便將文章寄出,不過不是投稿到《大西洋月刊》,而是《讀者文

艾爾默·希金斯,雇用瑞秋為美國漁業局撰寫廣播節目腳本。〔照片來源:美國國家海洋暨大氣總署漁業局〕

摘》，參加一項獎金 1000 美元的徵文比賽。她的家人非常需要錢，但是瑞秋的投稿石沉大海，沒有得到雜誌社的任何回音。

瑞秋在為希金斯撰寫文章時，也開始寫關於海洋生物的文章，並投稿到《巴爾的摩太陽報》。她投稿的第一篇文章描述到鯡魚場，以及這些銀色魚群數量正在萎縮的情況。《太陽報》錄取了那篇標題為〈鯡魚季來臨了〉的文章，在 1936 年 3 月 1 日刊出，並付給瑞秋 20 美元的稿費。瑞秋開始可以自稱為有酬的科學作家了。

接下來幾年，她繼續投稿，並陸續有幾篇文章在報紙發表，主題是關於捕鮪魚、養殖牡蠣、鴨群和鰻魚遷徙。每一篇文章都得到 10 或 20 美元的稿費。

多年後，瑞秋憶起她在大學時從主修英文轉到主修生物學的艱難決定，她說，「我以為我已經永遠放棄寫作。卻從來不曾想到，我只是在累積寫作的題材。」不錯，將她對海洋生物的知識、閱讀科學論文的興趣，以及對海洋的讚嘆，都融入寫作中，那正是她一生所愛的事，而且是最美好的事。

瑞秋在漁業局的員工照片。〔照片來源：美國漁類及野生動物管理局〕

第一份全職工作

那年夏天，漁業局有一個初級海洋生物學家的職缺。瑞秋前去應徵並獲得錄取。她終於得到一份全職工作！局裡只有兩名女性擔任專業職工作，瑞秋是其中之一。她的職責是檢視資料、向魚類生物學家及其他專家蒐集資訊，以撰寫報告，並為出版品撰稿。瑞秋往返在實驗室、圖書館和野外之間，蒐集寫作

材料，投稿到報社。她幾乎每週都向《巴爾的摩太陽報》的編輯提出寫作構想，其中有許多點子，編輯都很喜歡。在寫作文章之前，瑞秋盡可能大量閱讀與主題相關的資料，並聯絡科學家，為她的問題尋求解答。她親自走訪切薩皮克灣，探察不同的地區，和從事漁業或在水上工作的人訪談。

瑞秋在政府機關的工作以及為寫文章做的研究，都是她充實海洋和海岸生態系知識的機會。工作和寫稿的收入讓她不必為錢過度煩惱。然而，這種免於財務焦慮的自由並沒有持續太久。

家裡再生變故

1937 年 1 月，瑞秋的姊姊瑪麗安死於肺炎，享年四十歲。二十九歲的瑞秋和現在已經近七十歲的母親，要負責照顧瑪麗安的兩個女兒所有大小事情，她們分別是十二歲的維吉妮雅和十一歲的瑪喬莉。兩個女孩的父親無力照顧、撫養她們。瑞秋和母親瑪麗亞深愛這兩個女孩，也是兩個女孩唯一認識的親人。瑞秋肩負起養家的責任，瑪麗亞則一如往常，煮飯和包辦所有家事。

瑞秋現在要負責一家四口的生計。在 1930 年代，對於一個年輕女子來說，這是罕見的情況。關於外甥女的教養，她做了決定：搬到一個有好學區可以讓女孩們上學、也方便她上班的地方。她在位於巴爾的摩和華盛頓特區之間的銀泉市租了一間房子，全家在當年 7 月搬過去。

瑞秋試著投稿希金斯覺得不適合用於政府出版品、但顯然是內容精采的

文章。她修改了〈水世界〉，6 月時投稿到《大西洋月刊》。1 個月後，她得到正面的回覆，文章刊在 9 月號的雜誌上，標題是〈在海底〉，而她獲得了 100 美元的稿費。

新銳作家

〈在海底〉得到一個意想不到的迴響。瑞秋收到大出版社西蒙與舒斯特的編輯昆西‧豪依的來信，問她是否想過寫一本關於海洋的書。瑞秋還不曾有過這念頭，不過她對這個構想很有興趣。原來，作家亨德利克‧汎倫向豪依提到〈在海底〉這篇文章，建議豪依聯絡這位才華洋溢但還沒沒無聞的作者。

1937 年，亨德利克‧汎倫寄信給瑞秋時用的手繪信封。〔照片來源：耶魯大學拜內克古籍善本圖書館，經汎倫家族同意後使用〕

以縮寫署名的作家

瑞秋‧卡森在《大西洋月刊》發表〈在海底〉時，署名是「R. L. Carson」。許多讀者看到縮寫，以為作者是男性。她跟編輯解釋使用縮寫署名的原因：她在政府機構裡撰稿都是用縮寫，因此她希望自己的作品也是用縮寫。

美國許多女性作家在發表作品時，都用縮寫署名，讓讀者以為作者是男性。哈利波特系列的作者 J. K. Rowling 就是一個例子，因為她的出版商擔心男孩讀者會不願讀女性作家的書。「J. K.」是「Joanne Kathleen」的縮寫。在臺灣的出版商就沒有這種顧慮，直接將女作家的名字翻譯為 J.K. 羅琳。也有少數男性作家會用縮寫署名，讓讀者誤以為寫書的作者是女性。

汎倫是知名的歷史學家、記者、童書作者和繪者。瑞秋很喜歡他風格奇特的手繪信。自己的文章引起這位成功作家的注意，並且接到汎倫的來信，也讓她欣喜萬分。幾個月後，她與汎倫、豪依見面，討論寫書的事。

瑞秋努力構思一本關於海洋書的架構。她決定讓生物成為書裡的主角，從它們的觀點講述生命的種種。根據她的提議，書的內容分為三部，分別講述海岸、海洋以及深海生物的故事。豪依認同書本整體的概念，於是瑞秋開始準備大綱，著手撰寫。

1939 年的春天，瑞秋交出第一章的書稿給豪依，得到了讚賞，很快就收到出版社預付的 250 美元。同時，她持續投稿到《巴爾的摩太陽報》，並在漁業局努力的工作。不久之後，漁業局和另一個政府機構合併，成為漁類及野生動物管理局。

瑞秋的貓想要幫忙她寫作。〔照片來源：耶魯大學拜內克古籍善本圖書館〕

瑞秋的寫作習慣

瑞秋寫作時需要完全寧靜的環境，所以她通常在清晨或是深夜，在一屋子都安靜下來時寫作。這時陪伴她的是她的愛貓，以貓獨有的奇妙方式相伴：趴臥在她滿桌的稿紙和筆記上。瑞秋寫好的稿子，在第二天她去上班時，由母親瑪麗亞打字謄稿。然後，瑞秋會大聲朗讀草稿，也請她母親大聲讀稿。她一遍又一遍的逐句修改，直到文句的聲韻聽起來順耳、讀起來通順為止。最後，瑪麗亞再重新繕打修改過的

文稿。

　　1940 年春天，瑞秋把第一部分的書稿交給豪依，內容是講述三趾鷸這種候鳥的故事。得到的回應是再預付 250 美元，並要求她在年底之前交出全書的書稿。截稿期的壓力開始了。

　　那年夏天，瑞秋再次走訪東岸，不是在伍茲霍爾工作，就是在另一處海岸探索。在這段時間，她更用心觀察海洋生物和海相，運用耳朵、鼻子等感官知覺，全心全意去感受整個生態環境，並記錄做筆記。當秋天到來，她坐回家裡的書桌前，伏案振筆直書。她寫了又寫，一直寫到 11 月，完成讓她

畫一張聲音地圖

請準備：

◆ 舒適的衣著
◆ 紙和鉛筆

1. 走到戶外，到你家的院子或公園。找一個你可以舒適的站著或坐著 5 分鐘的地方。
2. 在紙上畫一個最大的圓。從上到下、從左到右，各畫一條線，如圖所示。在兩條線的交點處畫一個 X，代表你所在的位置。
3. 保持安靜，留神細聽。如果閉眼有助於你保持專注，而情況許可的話，你也可以閉上眼睛。
4. 每當聽到一個聲音，在紙張上做個記號，標示聲音所在的方向，以及大約有多遠。用簡單的符號代表你聽到的聲音，不必詳細畫出圖像，這個活動的用意在於聆聽。例如，你可以用音符代表鳥叫聲。樹葉間的風聲可以用波紋

線代表。

5. 聆聽並記錄約 3 到 5 分鐘。
6. 記錄結束時，在紙張空白處標示圖例，說明每個符號代表的意義，如下頁圖所示。並在聲音地圖寫下你觀察的地點、時間和日期。
7. 你選擇的這個地點，有哪些觀察到的事項是你在活動開始之前不知道的？
8. 如果有人和你同時進行觀測活動，比較你們兩人的聲音地圖。你們都聽到同樣的聲音、來自相同的方向嗎？

延伸活動：

在不同的季節或時段回到同一個地點，把新畫的聲音地圖和之前的做比較。

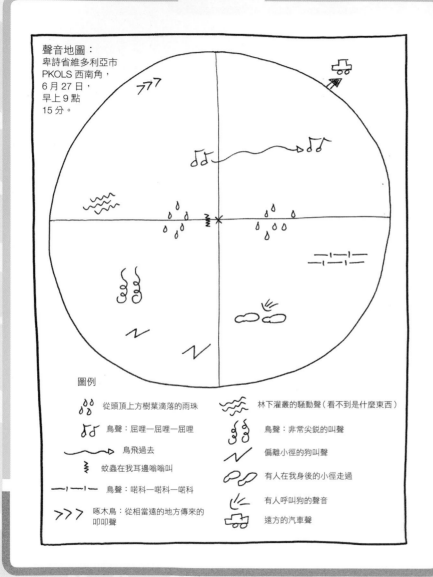

聲音地圖：
卑詩省維多利亞市
PKOLS 西南角，
6月27日，
早上9點
15分。

圖例

屈哩—屈哩—屈哩　從頭上上方樹葉滴落的雨珠

鳥聲：屈哩—屈哩—屈哩

鳥飛過去

蚊蟲在我耳邊嗡嗡叫

鳥聲：哠科—哠科—哠科

啄木鳥：從相當遠的地方傳來的叩叩聲

林下灌叢的騷動聲（看不到是什麼東西）

鳥聲：非常尖銳的叫聲

偏離小徑的狗叫聲

有人在我身後的小徑走過

有人呼叫狗的聲音

遠方的汽車聲

滿意的全部書稿。這本書的書名是《海風下：一位自然學家的海洋生物圖像》。

大自然的生物群系

《海風下》探索的是地球上名叫「海洋」生物群系的地理區域。「生物群系」是一個大型生態區，有特定的非生物特性，和適應在該地區生活的動植物。我們的地球有許多生物群系：海洋、淡水、森林、草原、凍原和沙漠。每個生物群系都能區分成幾個有某些共通特點的區域。在陸地上，生物群系是依照在其中生長的植物類型來區分。這些植物種類的區分條件是溫度和濕度，無論是溫暖、潮濕的熱帶，還是寒冷、乾燥的凍原，或是炎熱、乾燥的沙漠，生長在這些地方的植物種類都各不相同。

海洋群系的分區取決於水深：海岸邊的潮間帶、各洲陸地邊緣淺水的近岸區、

寫一篇關於一種瀕危動物的作文，並用聲音幫你改作文

瑞秋・卡森為漁業局寫的「七分鐘魚故事」，是用在廣播節目裡朗讀。她在寫作時，可能會大聲朗讀出來，聽聽文句有沒有問題。我們知道，她在寫書時，經常請母親朗讀她的書稿。

用耳朵聽你寫的文字，更常能聽出不通順、重覆或混淆的文字或句子。然後，你可以改掉這些地方：這個寫作的重要步驟，就叫做「編輯」或「修改」。

這個活動能讓你有機會在寫作時運用你的耳朵。

請準備：

◆ 鉛筆和紙、或是電腦
◆ 可查詢資料的資源，如圖書館或網路
◆ 願意為你朗讀的朋友或家人，或是錄音裝置

1. 挑選一種瀕危動物（或植物）做為寫作主題。你可以到圖書館找瀕危物種的資訊，也可以到相關網站上搜尋，像是國際自然保護聯盟瀕危物種紅色名錄－臺灣物種名錄 (https://taibnet.sinica.edu.tw/chi/iucncode.php)，瀕危物種紅皮書－環境資訊中心 (https://e-info.org.tw/taxonomy/term/18482)

2. 針對你的主題，列出基本資訊：
   ◆ 俗名和學名
   ◆ 所屬群系
   ◆ 分布：該種動物生活的地理區域。
   ◆ 棲地：該種動物喜歡生存的環境。
   ◆ 過去與目前的估計數量：某個時期的經常數量，以及現在還有多少野生數量。
   ◆ 威脅：造成該種動物數量下降的事物。

◆ 能幫助該種動物的行動：為了增加牠們的數量，正在進行的事。

3. 草擬三段或四段的文章大綱。例如，你的大綱可能包括：
   ◆ 第一段：介紹這種動物，以及牠住的地方。
   ◆ 第二段：描述這種動物的棲地需求。
   ◆ 第三段：描述這種動物面臨的威脅，以及這些威脅對其數量的影響。
   ◆ 第四段：描述現在有哪些幫助這種動物的行動，做為結論。

4. 寫出第一版草稿。記得運用主題資訊，以及有趣、積極的字彙。

5. 朗讀你的草稿並錄音，然後回放錄音，或是請別人朗讀給你聽。第一次聽時，不要跟著讀。只要聽就好。第二次，你可以跟著讀，並圈出你想要修改的字句。

6. 在至少聽過兩次之後，修改你的作文。你或許需要重新排列句子，增加描述的文字，或是刪去語意不明或重複的部分。

7. 朗讀新草稿並錄音，然後回放錄音，或是請別人朗讀。你的作文在修改後聽起來更好嗎？你的文句更通順了嗎？這個寫作、聆聽、編修和重聽的程序，能用在其他寫作計畫嗎？

遠離岸邊的**遠洋區**和水深 200 公尺以下的**深海區**。瑞秋在她的書裡寫到這些分區裡的三個，分別是潮間帶、遠洋區和深海區，在各區都講述一種生物的生命故事。在這些故事裡，瑞秋描述各種生物如何利用環境滿足自己的生存需求。例如在《海風下》的開場，讀者會讀到兩隻三趾鷸，這是一種小型水鳥，瑞秋分別叫牠們為「黑腳」和「銀條」。書中描述牠們在夜間倚靠沙丘的保護，清晨則在海浪撲打的潮間帶覓食。海浪會把螃蟹從沙灘上的洞穴裡沖出來，黑腳和銀條因此能輕鬆的大快朵頤。這兩隻三趾鷸和其他數百隻的水鳥拼命覓食。牠們爭先恐後，能吃多少就吃多少，累積足夠的能量，才能啟程展開飛往北極的長途遷徙，牠們要飛到那裡築巢、孵育寶寶。為了這趟數千公里的飛行旅程，三趾鷸和其他岸濱候鳥都會在美國東部沿海岩岸汲取大量的能量。

在岸上覓食的三趾鷸。
〔照片來源：iStock 免版稅圖庫公司〕

出版的希望與哀愁

．．．．．．．．．．．．．．．．．．．

《海風下》出版時，瑞秋把第一本新書獻給她的母親。第二本則是送給希金斯，在扉頁上寫著：「給希金斯先生，是你開啟這一切。」這本書在 1941 年 11 月 1 日上市，定價是 3 美元。

接下來考驗來了：這本書會得到什麼樣的書評呢？對瑞秋來說，她重視的是科學家會如何看待她的寫作？令人欣慰的是，出版界備受尊崇的書評，都給了相當正面的評價，像是《紐約時報書評》和《基督教科學箴言報》，都特別點出瑞秋充滿詩意的寫作風格，以及她對海洋生物的深度知識。

書評讓瑞秋特別高興、也讓她鬆了一口氣，科學家和自然主義者認為《海風下》寫得既優美又精確。有了媒體和科學界正面的評價，應該就有大批讀者爭相閱讀這本書了。但是，「世界對這本書異常冷淡。」瑞秋這麼說。

事實上，並不是世界對這本書異常冷淡，而是因為在瑞秋的書出版後 5 週，發生了一件引起了大眾關注的大事。1941 年 12 月 7 日，日本轟炸夏威夷的珍珠港，美國決定參加二次世界大戰。這新聞事件成為吸引所有人目光的焦點，最終《海風下》的銷量不到 2000 冊，瑞秋深感失望，她決定未來只為雜誌寫文章。

羅伯特・海因
斯為《海之濱》
所畫的紅樹林沼澤
地。〔照片來源：耶魯大
學拜內克古籍善本圖書館〕

Chapter 4

拓展領域

「鳥類學是我主要的興趣，為了研究鳥，要我在半夜醒來，要我淋濕、受凍或是弄得渾身髒兮兮，我也願意。」──瑞秋·卡森 1946 年寫給《戶外生活》（*Outdoor Life*）的訊息。

美國在 1941 年參加第二次世界大戰，數百萬人的日常生活因此起了變化，包括瑞秋·卡森的生活。政府決定釋出辦公室空間，把不參與戰爭準備的部門都遷出華盛頓特區，因而漁業處必須搬到芝加哥。

瑞秋得知這個消息時，覺得很沮喪，因為這表示她母親和兩個中學畢業的外甥女的生活必須重新安排。好消息是，瑞秋晉升為海洋生物助理研究員，這個很早以前就得到的承諾終於兌現，算是一個小小的安慰。她的主要工作仍然是寫作、審閱和編輯報告與資訊

文件。瑞秋和她的母親在 1942 年 8 月搬到芝加哥，但是在第二年春天，她們回到馬里蘭。瑞秋成功申請到海洋生物副研究員的新職位，她的薪水再度增加，不過職責大致不變。

雖然在職場的升遷順利，已經三十六歲的瑞秋卻對她在政府的工作變得氣餒。她質疑，她的工作在一個戰火蔓延的世界裡究竟有何意義。這時的瑞秋已然是一位受到尊敬的科學作家，以優雅的寫作風格而聞名。她認為如果能在政府以外的組織工作，有她發揮寫作能力的舞臺，那才更有價值。她向幾個地方詢問工作的事，包括《讀者文摘》、紐約動物學會和奧杜邦學會，但是都沒有職缺。

無論瑞秋對政府的職務有何疑慮，工作上她依然努力尋求良好的表現。

1944 年，她又得到兩次升遷，先是海洋生物研究員，然後是資訊專員。

在辦公室，瑞秋和同事建立了融洽的情誼，大家都叫她「小瑞」，幾個同事經常在午休時間窩在她的辦公室，偷偷違反規定，使用電爐煮茶或咖啡。瑞秋的朋友兼同事雪莉·布里格斯多年後接受訪談，提及她「非常聰慧」、「相處起來很愉快」，而且「比任何人都有趣」。

（左圖）瑞秋的外甥女維吉妮雅和瑪喬莉。〔照片來源：耶魯大學拜內克古籍善本圖書館〕

（右圖）瑞秋（右）與漁類及野生動物管理局的同事凱依·豪依（中）、里奧奈爾·華爾福（站立者）一起偷閒喝咖啡。〔照片來源：雪莉·布里格斯攝，經瑞秋·卡森協會同意使用〕

DDT 與二次世界大戰的關連

　　瑞秋在政府的工作有個重大的優勢：她可以源源不絕的得到無數有趣的資訊。在戰爭期間，她編輯的許多出版品都是關於戰時的發明和計畫。藉由這個管道，她得知希金斯和另一位為政府工作的科學家克雷倫斯‧考特翰所做的實驗。他們研究的是曝露於一種**化合物**的魚，那種化合物的名字長得不得了，叫做「雙對氯苯基三氯乙烷」，簡稱 **DDT**。這種化學物質最早是 1837 年在實驗室製造出來，當時不知道它有什麼用途。多年後，1930 年代，瑞士科學家保羅‧賀爾曼‧穆勒發現它具有滅蟲的效果。

　　在二次世界大戰期間，DDT 成為上選的殺蟲劑。軍隊用它殺死傳播瘧疾、傷寒等威脅軍人和百姓健康的蚊蟲。1943 和 1944 年間，義大利的那不勒斯，因為體蝨的傳染引爆了傷寒大流行。體蝨帶有一種會引發傷寒的細菌，而傷寒是一種嚴重的

保羅‧賀爾曼‧穆勒
(Paul Hermann Müller，1899-1965)

　　1930 年代時，瑞士化學家穆勒在尋找完美的殺蟲劑。這種藥劑必須對蟲有毒，但是不會毒害植物或溫血動物，而且必須長效。他花了 4 年測試不同的物質，最後偶然發現一種叫「雙對氯苯基三氯乙烷」的物質，簡稱 DDT。DDT 符合他所有的要求，或者至少在 1939 年時看起來是如此。穆勒在 1948 年得到諾貝爾生醫獎，得獎原由是「發現 DDT 做為接觸性毒物，在防治幾種節肢動物所展現的高效率」。接下來的 25 年，有數百萬公斤的 DDT 在全世界噴灑，進入環境裡。

保羅‧賀爾曼‧穆勒發現 DDT 是效果強大的殺蟲劑。〔照片來源：Alamy 圖庫攝影公司〕

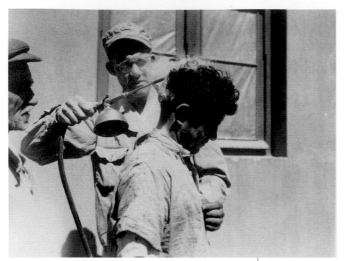

噴灑 DDT 粉的男子。照片攝於 1973 年。
〔照片來源：Alamy 圖庫攝影公司〕

疾病，患者會發高燒、肌肉酸痛，嚴重時甚至會死亡。那不勒斯的百姓排起數百人的長龍隊伍，挨次噴灑「除蝨粉」，也就是 DDT。護士和「噴灑部隊」都收到如何對人們灑藥的詳細說明。一篇 1947 年的科學文章提到那些灑藥說明，包括「噴灑頭部，把粉末噴到頭皮上，特別是耳後」，還有「接下來把噴藥管從頸後插入衣服內，把粉末灑在後背，份量隨意。」DDT 粉末也要從上衣前方灑進去，特別注意腋窩，還有男士褲子前後方，以及女士的內衣裡。成千上萬人接受灑藥，成功抑制了那不勒斯的傷寒大流行。

戰爭在 1945 年結束時，美國的化學公司倉庫堆滿了 DDT。美國陸軍和農業部都同意，DDT 可以公開銷售，供大眾使用。它開始進入各種產品：用來噴灑窗簾背面，或是用餐之前噴灑野餐桌的噴劑；舖在抽屜底和衣櫃層板的襯紙；裝飾孩童房間的背膠壁紙；還有用來塗抹寵物毛髮的跳蚤粉。既然 DDT 看起來無害，大部分人都毫不猶豫的使用它。只有少數科學家懷疑這種神奇物質對野生生物、甚至人類可能造成健康威脅。

希金斯和考特翰兩人都懷疑，DDT 對野生生物有令人不樂見的影響。他們在馬里蘭州的帕塔克森特野生生物研究中心展開實驗。瑞秋對此也感到好奇，想要寫一篇關於他們所做研究的文章。1945 年 7 月，她聯絡《讀者文摘》的一位編輯，她寫道「我們聽過很多關於 DTT 消滅害蟲的速效……，DDT 或許也會傷害益蟲，像是蜜蜂，還有吃昆蟲的鳥……」。瑞秋建議以這個主題寫一篇文章，但是雜誌編輯沒有興趣。

救生衣、蝙蝠和鳥類

瑞秋暫時放下 DDT 的文章構想，但是她沒有停止寫作。她在滿桌的備忘筆記裡找到更多主題，並保持深夜寫作的習慣。她在戰時發表的文章，有三篇描述生態學的一個重要觀念：生物藉由適應它們所在環境特定的非生物條件或特性，可以變得更強，或更適合棲息在它們生活的地方。這個觀念有時候會用「適應生優勢」一句話簡短表達。

在一篇名為〈救命的乳草〉的文章裡，瑞秋寫下軍隊拿乳草種莢做為救生衣填充物材料的有趣內容。戰前，用做救生衣填充物的材料是木棉樹的種子絨

集草兩袋，救人一命

乳草繁殖力強，通常生長在路邊或田邊的溝渠。第二次世界大戰期間，美國的孩童會在秋天蒐集成熟的乳草種莢做為戰爭物資。密蘇里的報紙有一篇報導說，1 布袋的乾乳草莢可以得到 20 美分錢。「滿滿 1 袋大約有 800 個種莢」，而「2 袋乳草種莢的絨毛可以填充一件救生衣，雖然是小小的採集，也能救人一命。」

1944 年的一群小學生，他們為備戰而蒐集的一袋袋乳草種莢。〔照片來源：美國馬里蘭州立歷史博物館〕

成熟乳草種莢的絨毛。〔照片來源：iStock 免版稅圖庫公司〕

毛，它們不但具有浮力，而且防水，這些木棉樹種子來自印尼的爪哇島。在戰爭期間，日本占領爪哇，美國無法再取得木棉樹種子。乳草種子的絨毛成了很好的替代品，因為它們也具有浮力兼防水，而且又暖又輕。乳草種子之所以長有絨毛，是因為這種植物必須靠風傳播種子，種子頂部長出絨毛，能幫助它像降落傘般在空中飄盪。

許多植物都演化出以風力傳播的種子：楓樹的種子長有像直升機螺旋槳般的翅膀，可以在空中旋轉飛翔；藍花楹的種子有著如薄紙般的翅膀，可以振翅撲飛；而蒲公英和乳草都有著絨毛狀的種子，可以在風中飄揚。由風力傳播的種子，將落在遠離母株的土地，這點賦予植物一個優勢：新生的植物不必和現有的植物競爭，而植物種群可以因此擴展它的分布範圍。

瑞秋還寫過蝙蝠，這種動物因為具有在黑暗中飛行的能力，而引起軍方的興趣。戰爭期間，軍事飛機和船艦借助於雷達導航、偵測敵方的來襲。雷達是利用無線電波偵測遠方物體距離和方位的儀器。瑞秋把雷達的原理以蝙蝠的「盲眼飛行能力」類比說明，也就是所謂的回聲定位能力。她寫道，蝙蝠會發出「一連串高音頻的叫聲」，聲波碰到物體後彈回，形成回聲，蝙蝠由此得到前方是獵物還是岩壁的訊息，而做出相應的行為。回聲定位是為了適應在一片漆黑的洞穴裡棲息，在黑暗中覓食而發展出來的能力。瑞秋所撰寫的〈蝙蝠先知道〉一文，把雷達原理解釋得非常清楚，美國海軍甚至把這篇文章用在教學，幫助新兵理解雷達科技。

雖然瑞秋在戰時的寫作有大部分的靈感是來自軍事主題，但她的興趣比這更為廣泛。她有一篇關於煙囪刺尾雨燕的精采作品，這是一種一生幾乎全部時

間都在飛行的鳥類。瑞秋把有著短喙、寬嘴、細瘦身形和長長翅膀的雨燕叫做「飛行的捕蟲器」，牠們特別善於在空中捕捉昆蟲，外型特徵是為了適應環境演化而來。這種鳥的另一項特徵：牠們的腳爪外形像鉤子，「對雨燕來說，」瑞秋寫道，「上床睡覺就是在晚上倒掛起來。」這種鉤形腳有利於牠們在樹洞裡棲息。而當人類把樹砍掉後，雨燕失去牠們的棲息樹洞，鉤形腳反而成為牠們的生存優勢：雨燕開始倒吊在煙囪做為棲身之地。

朋友來來去去

除了花許多時間寫作，瑞秋也不忘花時間和朋友往來。

觀鳥、賞鳥是她從童年時期就建立起來的嗜好，而賓州的鷹山保護區是她最喜歡的一個觀察鳥類地點。在那裡，瑞秋經常和她在工作上認識的朋友雪莉·布里格斯攀上陡峭的峰頂，用望遠鏡窺探美洲隼、紅頭美洲鷲和禿鷹在高空中翱翔。即使在距離海岸大約 160 公里遠的鷹山上，瑞秋還是心繫海洋，在她的田野調查筆記本裡寫到，溪流從山上一路潺潺奔流而下，最後匯入海洋。

凱依·豪依也是瑞秋在工作上的朋友。凱依和雪莉同是

國家野生保護區系統

「如果你經常走訪我們國家的野生地區，你可能會看到大雁的踪跡，而大雁正是全國野生保護區的標幟。……就像人類一樣，野生生物必須有地方生活。當文明孕育城市、建造公路、抽乾沼澤地，它也一點一點的奪走適合野生生物生存的土地。野生生物的生存空間萎縮之時，它們的群落也會衰退。保護區能抵抗這股趨勢。」──瑞秋·卡森，摘自「保育行動上路」系列第一本書《欽科提格：全國野生生物保護區》導論，1947 年

美國的國家野生保護區系統創立於 1903 年，當時是為了保存褐鵜鶘，而把佛羅里達州的鵜鶘島劃為保護區。現在全美有超過 560 個保護區。

緬因州海岸在 1966 年設立的一個保護區，4 年後命名為「瑞秋·卡森國家野生生物保護區」。它保護了森林、海灘、沙丘、草地、鹽沼，以及數百種鳥類棲息的岩岸，其中有許多是候鳥。這些棲息地也是許多動物賴以為生的家，從白尾鹿、北美水獺到錦龜、樹蛙等，包羅萬象。

建立種子庫

所有植物和動物都有自環境得到滿足生存的需求，如居所、食物等等。為了更適合它們的環境，植物和動物必須調整而適應，也就是逐漸改變它們的外觀、功能或行為。不同的生物體有不同的適應方式，取決於它們的需求和環境。

種子就是不同植物以不同方式適應環境的好例子。大部分植物都靠製造種子來繁殖。這些種子將遠離母體，散播到其他地方，發芽長成新一代的植物。種子有許多種散播方式，而它們各有獨特的形態幫助散播，如右表所示。

請準備：
◆ 前往戶外公園（時間最好是在盛夏到秋天，許多植物都已經結種子的季節。）
◆ 6 到 10 個密封袋
◆ 透明膠帶
◆ 不掉色的筆或自黏標籤
◆ 紙和鉛筆
◆ 紙巾
◆ 海報板

1. 在戶外或附近的公園蒐集植物的種子。你能找到的種子會因為你所在的地區和進行活動的時間而不同，常見的有蒲公英、柳樹、楓香、大花咸豐草、椰子、非洲

傳播方式	種子特質 （不一定全部具備）	植物
風力	・重量輕　　　　・翅或槳 ・絨毛或羽毛狀　・降落傘狀	蒲公英、美國梧桐、楓樹
水力	・防水的表皮或殼 ・能夠漂浮	椰子樹、蓮花
爆裂	・小　・單一種穗有許多種子	非洲鳳仙花、豌豆、金縷梅
動物的食物	・大而重 ・藏在營養、多肉的果實裡 ・顏色鮮艷	黑莓、芒果、橡樹
附在動物身上	・有鉤、倒鉤或小尖刺 ・具黏性	大花咸豐草、蒺藜草
火	・能夠長期休眠 ・藏於只有在火的高溫下才會打開的毬果裡	松樹、桉樹

鳳仙花、車前草。

2. 將各種種子幾顆裝一袋，一個袋子裝一種植物。用不掉色的奇異筆或黏貼標籤，在各個袋子上標示植物名稱。

3. 在紙上畫一張類似下圖的表格。

檢視你蒐集到的各類種子，在表格裡填寫你的觀察。為了讓你了解怎麼開始記錄，下圖的表格以蒲公英種子為範例。

4. 比較你找到的種子。傳播方式相同的種子是否有類似的特點？

5. 完成表格之後，從各類種子拿出幾顆標本，放在紙巾上，放在通風處風乾。有些會迅速乾燥，甚至不必風乾，像是成熟的車前草種子。有些種子則可能要花好幾天才會乾燥，如番茄種子。

6. 等到種子乾燥，把種子放回有標籤的塑膠袋，貼在海報板上展示。

植物名稱	種子素描	種子特徵	種子特徵生成的可能原因	種子可能的傳播方式（根據種子的特徵）
蒲公英		· 輕 · 羽狀冠毛 · 末端尖	· 輕，利於風力運輸 · 有冠毛，風可以帶動 · 尖端部比冠毛重，著陸時可以觸及土壤 · 尖端部分可以附著在動物的毛上	· 風力 · 附在動物毛上

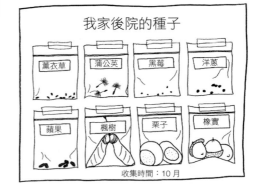

延伸活動：

如果你想要試著種這些種子，請把它們存放在涼爽而陰暗的地方，不要貼在海報板上。這樣能增加它們成功發芽的機會。

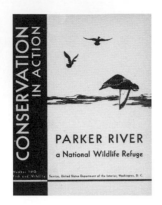

《保育行動上路》系列書籍其中一本的封面。〔照片來源：美國魚類及野生動物管理局〕

在賓州鷹山保護區觀鳥的瑞秋。〔照片來源：雪莉·布里格斯攝，經瑞秋·卡森協會同意使用〕

漁業局雇用的插畫家。兩位女子都比瑞秋年輕約 10 歲，但是她們三人建立了緊密的友誼。1946 年，由瑞秋領導一項出版新計畫，凱依和雪莉是計畫成員，計畫內容要製作 12 本關於國家野生動物保護區的系列小冊，這套小冊命名為《保育行動上路》，主要訴求是讓大眾了解，在美國境內野生動物所面臨的威脅，以及保護野生動物必須做的努力。瑞秋、布里格斯和豪依三人依撰寫小冊的調查研究需要，得到全國各地做田野調查。

4 月，瑞秋和布里格斯走訪維吉尼亞州的欽科堤格保護區，那裡是雁鴨和水鳥長途遷徙途中停留的補給站。許多年後，為瑞秋·卡森傳記而接受訪談的布里格斯，描述她和瑞秋早出晚歸進出旅館大廳的情景。她們通常一身溼答答、滿是泥濘，身上還披披掛掛著相機、望遠鏡等各種工具回到旅館，邋邋古怪的模樣，讓旅館住客看得目瞪口呆。

秋天裡有一整個月，瑞秋和豪伊搭火車走訪猶他州和蒙大拿州的保護區，還有哥倫比亞河奧瑞岡河段沿岸的孵魚場。這趟旅行，讓她們在奧瑞岡的海岸待了一整天，那是瑞秋第一次親眼看到太平洋。

瑞秋在公家機關的工作，負責管理 6 名人員，完成漁類及野生動物管理局的出版品計畫。雖然她很喜歡出差旅行並撰寫《保育行動上路》系列書籍，但她仍然希望有更多時間可以投入寫作。

在這段期間，瑞秋的母親得病、必須動手術了，而她自己也成了病人，在不到兩年的時間，不是一度，也不是二度，而是三度住院。彷彿這一切還不夠折磨人似的，在 1948 年初，瑞秋得了嚴重的帶狀疱疹。帶狀疱疹是一種病毒感染的疾病，病人身上會出現刺痛椎心的紅疹。

雖然健康在惡化，瑞秋還是不斷在蒐集關於海洋科學的資料。她整理著筆記，許多想法在她的腦海裡躍動，不斷鼓動她再寫一本關於海洋的書，描述海洋的起源、地理學、物理學、化學和生物學。

在朋友的提醒下，瑞秋決定找人幫忙打理她的寫作事業。她和瑪麗・羅代爾簽約，成為她的客戶。羅代爾是位作家和編輯，剛成立自己的版權代理公司。瑞秋和羅代爾同意成為工作夥伴，在瑞秋往後的人生裡，這段夥伴關係和友誼將伴隨她長相左右。

幾個月後，瑞秋接到一通電話，得知她的朋友瑪麗・史金克癌症病重，想要和她見一面。瑞秋即刻搭上前往芝加哥的飛機，火速趕到史金克身邊。幾週後，史金克離開這個世界，死時才五十七歲。這位點燃瑞秋鑽研生物學、特別是海洋學興趣的女子走了。瑞秋感到深深的失落。

發明一種生物和它的生態系

生態學的基本觀念，就是動物和植物會適應它們的環境，並根據不同狀況調適適應的特質，這可以解釋地球為什麼有這麼豐富多樣的生物。

在這個活動裡，你要創造一個生態系統，並發明一種適應在那個生態系生活的生物。

請準備：

◆ 空鞋盒
◆ 工藝材料：色紙、通心管、羽毛、彩球、冰棒棍、造型黏土
◆ 撿拾的戶外物品：樹枝、樹葉、小石頭、松果、貝殼
◆ 小型室內物品：鈕扣、牙線、迴紋針、彈性束髮圈
◆ 膠水、口紅膠，或是透明膠帶

1. 把鞋盒側立，運用工藝材料、撿拾物品和小物件創造一個生態系。在設計和打造你的生態系時，想像一下這個生態系會有什麼樣的溫度、光照和天氣，裡頭有哪些棲息地、食物、水和捕獵者。
2. 用一兩句話描述你選擇的環境。
3. 用造型黏土做出棲息在你的生態系裡的生物，它看起來像不像真正的動物都可以。想一下它的外觀如何、如何活動、在哪裡睡覺、怎麼睡覺，還有它吃什麼，又怎麼取得食物。留意生物的特質應該和你的生態系有某種關聯。
4. 給你的生物取一個符合它的外觀或生存方式的名字。
5. 把你的生物放進生態系統，向朋友、家人或老師解釋，它如何適應環境，以及在它的生態系裡如何生活。

寫一份動物履歷

履歷是找工作時要書寫的文件，能讓雇主知道你的教育背景、工作經驗、技能和興趣。一般來說，履歷分為幾個部分，包括個人基本資料（姓名、聯絡方式等等）、專業或工作目標、教育背景、工作或志工經驗、技能，以及興趣和嗜好。

在這個活動裡，你要為某種動物準備一份履歷，藉此練習規畫履歷格式、撰寫履歷內容。

請準備：

◆ 鉛筆和紙、或是電腦
◆ 可查詢資料的資源，如圖書館或網路

1. 選一種你有興趣的動物，研究牠的外觀、行為、棲地以及適應棲地的特徵。利用圖書館或網站查資料，如：林務局自然保育網、臺北市立動物園保育網等。

2. 請參考下面的北極熊範例，為你所選的動物寫一份履歷。務必讓履歷的內容和格式看起來專業而有吸引力。

履歷範本

名字：北極熊（學名：Ursus maritimus）

居住地：北極，海洋浮冰

體型：體重 360-590 公斤，身高 180-270 公分。

壽命：大約 25 年

生存型態：獵食，特別喜歡的食物是海豹。由母熊負責生養小熊。

背景：
◆哺乳類
◆地球上唯一一種住在海洋的熊
◆北美最大型的食肉動物

（續下頁）

行為：

◆ 透過在游泳後把水甩掉，或是在雪裡打滾來清潔皮毛

◆ 清理腳掌裡的冰塊

◆ 以碰鼻方式和其他熊打招呼

◆ 打打鬧鬧

◆ 挖淺層的雪洞睡覺

◆ 母熊會撫養幼熊，教牠們如何在北極存活

興趣：

◆ 獵食

◆ 睡覺

◆ 游泳

◆ 花很多時間獨處

適應特徵：

◆ 白色皮毛可以隱藏在冰雪間

◆ 厚厚的上層毛有特殊構造可以防水

◆ 濃密的下層毛、黑色皮膚和厚厚的脂肪可以保暖

◆ 小耳朵和短尾巴可以盡可能減少散熱

◆ 強壯的腳掌、銳利的腳爪利於獵食

◆ 厚實的肉掌可以防止在冰上滑倒

◆ 靈敏的嗅覺有利於獵尋海豹

◆ 能夠降低自身新陳代謝率，在很多天沒有進食時節省能量消耗

◆ 游泳時，巨大的前腳掌就像是划槳

〔照片來源：維基共享資源〕

瑞秋在潛水船
上，腳邊是笨重
的潛水頭盔。〔照片
來源：雪莉·布里格斯攝，
經瑞秋·卡森協會同意使用〕

Chapter 5

在海底與
世界之巔

「這些深遠、幽暗的水，蘊藏著所有的奧祕和未解的謎，覆蓋著大部分的地表。」——瑞秋·卡森，《大藍海洋》（*The Sea Around Us*），1951 年。

瑞秋·卡森一步一步的踩下梯子，走進佛羅里達州海岸外比斯坎灣的海水裡。她頭戴著 38 公斤重的潛水頭盔。她一直往下攀爬，直到站上潛水船停泊的海床。這時瑞秋看到軟珊瑚、珊瑚，以及一些色彩繽紛的魚，除此之外，就沒有什麼別的，因為受到惡劣的天氣影響，海床經過翻攪，海水變得混濁。她緊抓著梯子，感受到洋流的拉力。

雖然時間短暫而且不是特別讓人感到興奮，但這一次的海洋深潛之旅，讓瑞秋留下深刻的記憶。多年來，她一直想要到海面下，親眼目睹海底世界。她終於如願以償了。從海底歸來後，瑞秋告訴她的朋友、知名科學家、也是深海探險家威廉·畢比：「這一次潛水，是那種會改變一個人的世界觀的體驗。」

威廉·畢比
(William Beebe，1877-1962)

威廉·畢比對大自然有一股強烈的好奇心。他在紐約動物公園（現在的布朗克斯動物園）擔任鳥類照顧員的工作，後來成為園方的熱帶研究部門主任。他遠征世界各地考察，研究鳥類和野生生物，並寫文章和書，描述他的許多探險經歷。

1920 年代，畢比開始從事頭盔潛水，並利用潛水船下潛到深海。在此之前，從沒有人潛入深海，實地觀察深海生物和它們的棲地。

後來，畢比遇到一位對深海極有興趣的工程師奧帝斯·巴頓，兩人合力打造了一個球形潛水船，有舷窗可以觀看船外景象，並有纜繩可以垂降船體，被稱為「浴球」。他們多次一起擠進密閉的球體裡，下水測試。1934 年，他們潛下百慕達海域，創下 923 公尺的潛水深度紀錄。

畢比為瑞秋的第一本書《海風下》寫了一篇充滿讚譽的書評，後來還從書裡選取兩章，編進《自然主義者之書：最佳自然歷史選集》

一書中。瑞秋和畢比先是書信往來，後來才見面。鼓勵瑞秋潛水探險體驗海底世界的，正是畢比。

奧帝斯·巴頓和威廉·畢比，與他們的球形深海潛水船合照，1934 年。〔照片來源：Alamy 圖庫攝影公司〕

遠洋之旅
....

　　在佛羅里達之旅之後，瑞秋立刻和她的經紀人羅代爾展開另一場海洋冒險。她們登上一艘名叫「信天翁三號」的政府研究船，前往美國東北岸外海的喬治淺灘。

　　喬治淺灘是一個淺水區，寒冷的拉布拉多洋流帶來了富含營養的水流，在此與溫暖的墨西哥灣洋流會合。這兩股洋流的滙聚，加上溫暖的陽光照射，為微小的藻類創造完美的生長條件。這些漂流在水裡，肉眼看不見的微小藻類，稱為「浮游植物」，它們利用陽光進行光合作用，從水裡汲取養分生長和繁殖。許多的浮游植物成為浮游動物的食物，浮游動物是在水裡漂流的微小動物，是魚類的食物。由此形成一個簡單的食物鏈。

　　生態學家研究全世界生態系裡的食物鏈，而不只是海洋裡的。食物鏈裡的各個成員包括：在最底層的生產者，海洋裡的生產者是浮游植物，陸地上的則是植物；接著是一級消費者，以生產者為食物，海洋裡的是浮游動物，陸地上的是食植動物，如蚱蜢、鹿和老鼠；再來是二級消費者，以一級消費者為食物，海洋裡的是食浮游生物動物，如某些魚類和鯨類，陸地上的則是食肉動物，如美洲獅、狐狸和鷹。

　　有些食物鏈還有三級消費者、甚至四級消費者。食物鏈的各層都是一個營養級，生產者是第一營養級，各級消費者的營養級則逐級往上增加，成為第二營養級、第三營養

瑞秋和她的經紀人登上研究船「信天翁三號」，展開 10 天的海洋之旅。這張照片是船離開麻州伍茲霍爾碼頭的景象。〔照片來源：伍茲霍爾海洋研究所〕

正在使用顯微鏡研究觀察的瑞秋。〔照片來源：耶魯大學拜內克古籍善本圖書館〕

級……，依此類推。

生態系裡還有一個成員是**分解者**，包括細菌、真菌，還有蠕蟲、蝸牛和某些昆蟲等以屍體為食物的生物。分解者不列在哪一個營養級，但它們肩負著重要工作，負責回收、利用死亡的動植物。

幾條食物鏈交織在一起，形成一個網路，稱為「**食物網**」。在真實的生態系裡，有許多不同的餵食關係同時發生，所以如果把食物網畫在紙上，往往是一幅錯綜複雜的圖像。

瑞秋經常撰寫關於食物鏈、食物網、吃和被吃之間的角力文章。她曾寫過一篇精采的文章，描述「思康伯」的故事，收錄在她的第一本書《海風下》。思康伯是一條剛剛孵化的鯖魚，還在學習覓食。牠出生沒多久，就遇到差點喪命的死劫：

從清澈的綠水中，頓時浮現十幾條閃閃發光的銀魚。牠們是鯷魚，體型小和鯡魚很相似。為首的鯷魚看見了思康伯，於是游離牠原來的路線，穿過相隔在牠們之間的水域而來，牠張大著嘴，眼看就要抓住這條鯖魚寶寶。思康伯嚇了一大跳，立刻奮力撥著水，想要逃離。但是，牠才剛學會游動，動作還很生疏，只能在水裡笨拙的打滾。眼看著牠就要被抓到、吃掉，就在這千鈞一髮之際，另一條鯷魚從對向衝來，衝撞這條鯷魚，於是思康伯迷迷糊糊的在牠們下方，箭也似的游走了。

情節繼續發展，鯷魚群遇到自身的危險了，正遭受一群「像餓狼般凶狠」的藍魚攻擊。最後，思康伯毫髮無傷的逃走了。

1949 年 7 月隨「信天翁三號」出航的旅程，讓瑞秋有機會蒐集第一手的資料，撰寫漁類及野生動物管理局在喬治淺灘漁場的保育工作。那裡棲息了超過 100 種不同種類的魚，包括圓鱈、黑線鱈和比目魚。這些魚類在當時或過去都具有商業價值。

在這 10 天的旅程，瑞秋有機會體驗到開闊洋面的海風、霧氣和滔滔海浪。她還見到幾種用來蒐集數據的海洋學儀器，有一種是記錄水溫，另一種是追蹤海床深度，當船經過陡峭的海底峽谷時，儀器會顯示海床面急劇陡降。拖網從深海捕獲到船上甲板的生物，如海星、海膽、螃蟹、海綿和許多魚類，一一映入她的眼簾。

瑞秋為她下一本書的寫作計畫滿心雀躍的返家。她放下之前的疑慮，決定寫一本關於海洋的書。羅代爾很支持她，並找到一家願意出書的出版商。初夏時節，瑞秋和牛津大學出版

鱈魚的浩劫

幾個世紀以來，紐芬蘭大淺灘和喬治淺灘一直是捕撈鱈魚、大比目魚、黑線鱈、龍蝦和許多其他物種的漁場。這些淺水區位於紐芬蘭、新蘇格蘭、緬因州和麻州的海岸附近。那裡的海洋因為具備適當的溫度、日照和營養等環境條件，能夠涵養豐富的浮游植物和浮游動物，因而孕育許多魚類。

從 1400 年代晚期開始，這個地區豐盛的漁產便供應著歐洲，以及後來的北美和加勒比海地區所需。

到了 1900 年代，漁船和漁具從配有魚線和魚鉤的小船，轉變成拖網漁船。這些裝設長拖網與強力絞盤的大型船隻，可以從海洋撈捕更多魚獲。

二次世界大戰之後，商業捕魚活動飆升至新高——名副其實的

新「高度」：捕漁業者使用裝載聲納設備的飛機，從空中探測魚群，然後龐大的工業船用拖網進場，能捕多少魚就捕多少。

國際船隊大舉壓境，引起美國的警戒（高度的漁獲捕撈，有可能導致海洋資源的枯竭和嚴重的生態危機），於是禁止外國船隻進入喬治淺灘。加拿大也在紐芬蘭大淺灘採取同樣的措施。

即使如此，到 1990 年代初期，鱈魚數量已因過度捕撈而急劇減少。加拿大在 1993 年禁止商業捕鱈活動，至今仍未開放。加拿大實施禁令後不久，美國也禁止在喬治淺灘的部分地區捕魚，並在其他地區實施嚴格限制。

科學家認為，大西洋鱈魚數量似乎正在恢復，不過速度非常緩慢。

檢視食物鏈與食物網

瑞秋‧卡森在寫作生涯早期所發表的文章，有許多都與切薩皮克灣的魚類和其他生物有關。以下是這個水域簡單的生物鏈，箭號表示餵食關係，由食物指向吃食者。在這個食物鏈裡，浮游植物「矽藻」是浮游動物「橈足類」的食物；橈足類是鯡魚以及其他小魚的食物；鯡魚則是大藍鷺等海鳥的食物。

在這個活動單元裡，我們要更詳細的檢視切薩皮克灣的食物鏈和食物網。

請準備：
◆ 第 75 頁的動物和植物的圖片影本
◆ 剪刀和透明膠帶
◆ 筆和彩色筆
◆ 圖畫紙

1. 剪下第 75 頁影本的切薩皮克灣動植物圖片。
2. 運用以下 10 則陳述，在圖畫紙上排列各生物的位置。用箭號表示它們之間吃和被吃的關係，箭頭從食物指向吃食者，例如：鯡魚→銀花鱸魚。箭號的線有交叉也沒有關係。

① 矽藻和野芹利用陽光行光合作用。
② 橈足類甲殼動物吃矽藻。
③ 蛤蜊從水裡濾出矽藻。
④ 帆背潛鴨吃野芹和蛤蜊。
⑤ 鯡魚吃橈足類甲殼動物。
⑥ 燕鷗吃鯡魚。
⑦ 銀花鱸魚吃鯡魚。
⑧ 魚鷹吃鯡魚和銀花鱸魚。
⑨ 白頭鷹吃帆背潛鴨、鯡魚和銀花鱸魚。
⑩ 大藍鷺吃鯡魚和燕鷗。

3. 在你建立的食物網裡，找出這項活動一開始的介紹裡所描述的簡單食物鏈。用方框把它圈出來。這條食物鏈和食物網有何不同？你能在這張食物網裡多找出二條簡單食物鏈嗎？
4. 用綠色筆圈出所有的生產者。用藍色筆圈出所有的一級消費者，

大藍鷺
（三級消費者）

鯡魚
（二級消費者）

橈足類甲殼動物
（一級消費者）

矽藻
（生產者）

請注意：動植物圖像並非按實際比例繪製。

黃色筆圈出二級消費者，橘色筆圈出三級消費者，紅色筆圈出四級消費者。有些動物會被圈進超過一種顏色的圈圈裡。這些顏色圈圈透露出關於食物網的什麼訊息？這張食物網有幾個營養級？

野芹
（水下植物）

緋魚（魚類）

橈足類甲殼動物
（浮游動物）

大藍鷺
（鳥類）

白頭鷹
（鳥類）

矽藻
（浮游植物）

蛤蜊
（貝類）

燕鷗（鳥類）

帆背潛鴨
（鳥類）

銀花鱸魚
（魚類）

魚鷹
（鳥類）

社簽約,並寫出該書的幾章,書名暫定為《重返大海》。她一頭栽進寫作,從跟著「信天翁三號」探險時體驗到的景緻、聲音、氣味和感覺裡尋找素材,也從佛羅里達的海底之旅汲取靈感。

伏案寫書的作家

那個夏天,瑞秋開心極了,因為她得到了薩克斯頓研究獎金,這是給有潛力作家的獎金。得到這筆獎金,瑞秋就可以暫停工作,整個 10 月都休假,專心寫她的海洋書。

一如既往,瑞秋的母親瑪麗亞幫女兒繕打一版又一版的手稿。瑞秋的寫作速度緩慢,一再修改文字。在休假的這一個月,她的進度卻不如預期,因為她要照顧生病的小外甥女瑪喬莉。

從 1949 年到 1950 年,瑞秋繼續寫出許多章,主題包括潮汐、洋流、海浪、島嶼與海岸線。很多時候,寫作看起來更像是一種折磨,但是她慢慢的一章接著一章完成,然後把每一章寄給科學家,請他們評論。對於瑞秋來說,科學的準確度與優美的文字一樣重要。

隨著書稿開始成形,瑞秋和羅代爾開始討論書名。她們兩人都不喜歡《重返大海》這個書名,但是其他構想似乎也不大對。她們試擬出像《海洋的故事》、《無盡的海洋》之類的書名。有些朋友拿瑞秋為書名而苦惱的樣子開玩笑,提議《深不可測》、《海邊的卡森》等做為書名。

瑞秋為《大藍海洋》出版所拍攝的照片。
〔照片來源:布魯克斯工作室,經瑞秋‧卡森協會同意使用〕

後來，瑞秋和牛津大學出版社的編輯終於決定書名，她第二本書《大藍海洋》的書稿，在 1950 年 6 月完成了。除了簽下出版合約，羅代爾還安排邀《紐約客》雜誌買下這本書的 9 章書稿，並在書出版之前刊登書摘。這 9 章為瑞秋帶來的收入，比她在政府工作一年的薪水還多！

交稿之後，瑞秋只能等待。她擔心美國參與韓戰可能會扼殺新書的銷售，就像《海風下》出版時發生珍珠港事變的情況一樣。

在等待新書問世期間，瑞秋發現她的乳房有腫塊，為她動手術的醫生告訴她一切都很好。瑞秋相信醫生的說法，沒有理會羅代爾的擔憂，繼續進行其他計畫，包括霍頓米夫林出版社編輯的邀稿，寫一本介紹海岸的書。

新書一鳴驚人

1951 年 6 月，《大藍海洋》的第一集書摘登上《紐約客》的版面。讀者的信件如潮水般湧入雜誌社，讚美瑞秋充滿詩意的文采。7 月 2 日，這本書在書店上架，讀者爭相搶購。

瑞秋頓時成為大眾矚目的焦點，她對此完全沒有心理準備。她不明白報紙和雜誌為什麼要刊登她的照片，還針對她個人做報導。她認為媒體和社會大眾應該把焦點放在這本書上。有些《大藍海洋》的讀者和書評家認為，一本以海洋為主題的書，作者居然是女性，這點便已值得大書特書一番。多年之後，瑞秋在一次演講中描述她所收到的信件內容，信中出現這樣的話：「我

從作者所具備的知識判斷，作者一定是男性。」有的讀者直接對她寫道：「我還以為你是個身材高大、令人望而生畏的女人。」

除了對她的外表和性別的關注，瑞秋很慶幸她的第二本書沒有像第一本書一樣被忽視。她也很高興，她解釋海洋科學的方式，在科學家之間普遍受到好評。

瑞秋還接到讀者的電話，其中一通是前總統小羅斯福的女兒愛麗絲·羅斯福·朗沃斯打來的。她來電說她熬夜拜讀《大藍海洋》。羅代爾也接到了採訪、演講和邀稿的邀約電話。瑞秋婉拒了許多邀約，只有部分得到她的首肯。她同意為 NBC 交響樂團演奏德布西的「海洋」專輯撰寫封面文案。瑞秋雖然不會演奏樂器，不過她是聽著母親的鋼琴學生彈鋼琴長大的，她喜歡古典音樂。在「海洋」的封面文案裡，她這樣描寫海浪：「無論是無垠海面的壯闊波瀾，或是潮水拍打上岸碎成浪花，海浪的聲音就是大海的聲音。」

《大藍海洋》在出版 3 週後，登上《紐約時報》暢銷書排行榜第五名，然後排名一路上升，到 9 月成為第一名，一直到 1952 年 4 月都蟬聯榜首。這本書在《紐約時報》暢銷書榜單總共上榜 86 週。

出版社挾著這本書大為成功以及將近 10 萬冊圖書銷量的聲勢，重新發行瑞秋的第一本書《海風下》，而《海風下》也登上《紐約時報》暢銷書排行榜。有一段時間，瑞秋的兩本書都同時在榜上。因為這兩本書，她榮獲榮譽學位以及許多獎項，包括約翰布羅獎章的最佳自然寫作書籍，國家圖書獎非小說類書籍。

名氣與財富從天而降

　　有許多獎項，瑞秋都必須發表得獎感言。她因此成為優秀的公開演說家，不過，她一直不喜歡置身聚光燈下的感覺。她是注重隱私的人，喜歡安靜的待在大自然和圖書館裡，或是與家人、朋友和貓在一起。她總努力不讓自己成為眾人目光追逐的焦點。

　　這時已經八十三歲的母親瑪麗亞，也參與了瑞秋的書所帶來的熱潮。瑪麗亞幫忙回覆讀者郵件、接聽電話，接應許多找來家裡的要求。當瑞秋到伍茲霍爾做研究時，瑪麗亞留在家裡，盡她所能的處理這堆積如山的事務。

　　身為暢銷書的作者，瑞秋突然變成了名人。這突如其來的名氣，雖然讓她窮於應付，不過，這樣的際遇也讓她在現實生活裡有另一種體驗。在她的人生當中，她第一次嘗到不必為房租或雜貨帳單擔心的滋味。現在瑞秋有足夠的錢了。

瑞秋與愛麗絲·羅斯福·朗沃斯，在國家圖書獎頒獎典禮一起朗讀她的書。〔照片來源：耶魯大學拜內克古籍善本圖書館〕

製作生態金字塔

你的身體用飢餓感發出警示，讓你知道你需要更多能量。於是，你會吃個點心；這代表你是個消費者。

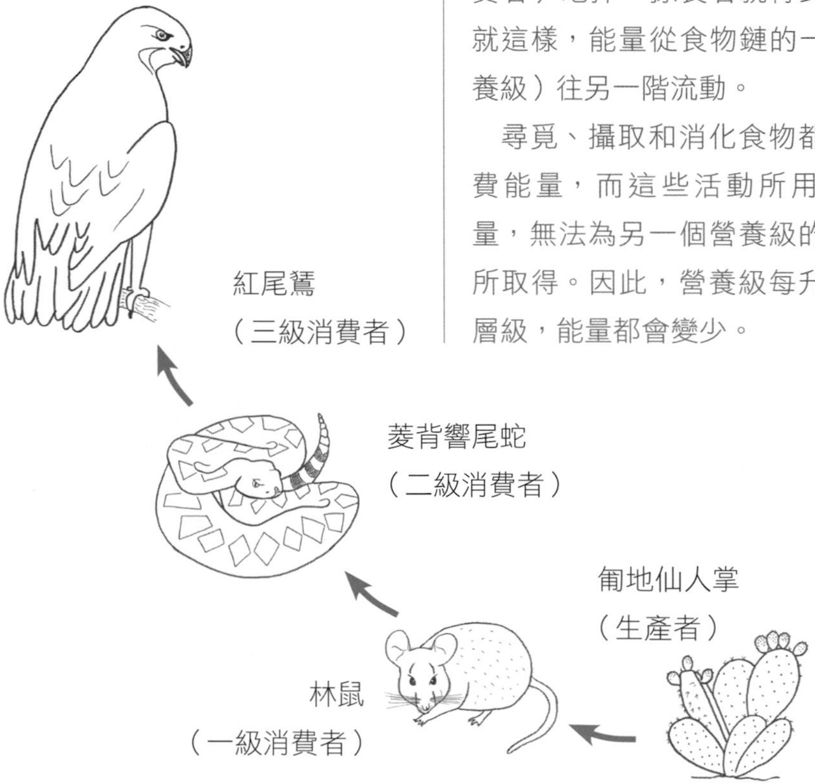

紅尾鵟
（三級消費者）

菱背響尾蛇
（二級消費者）

匍地仙人掌
（生產者）

林鼠
（一級消費者）

請注意：植物和動物的圖像並非按比例繪製。

生態系裡的所有消費者也是一樣：牠們吃東西以獲得生存和生長的能量。如果消費者被掠食者（也是消費者）吃掉，掠食者就得到能量。就這樣，能量從食物鏈的一階（營養級）往另一階流動。

尋覓、攝取和消化食物都需要耗費能量，而這些活動所用掉的能量，無法為另一個營養級的消費者所取得。因此，營養級每升高一個層級，能量都會變少。

生態學家用金字塔來表現能量在生態系裡的流動。底部是最豐沛的生物，也就是生產者。上一層代表一級消費者。每一層營養級都比前一層小，因為這一層的能量較少。金字塔頂端代表最高的營養級。

你可以用金字塔呈現這種能量的流動。左圖是沙漠生態系裡的一條食物鏈。每個箭號都顯示兩種生物間的餵食關係，從被吃者指向消費者。在這個食物鏈裡，仙人掌是林鼠的食物，而林鼠是響尾蛇的食物，響尾蛇又是紅尾鵟的食物。

請準備：

◆ 右頁金字塔展開圖的影本

◆ 剪刀

◆ 透明膠帶、白膠或口紅膠

◆ 筆和彩色筆

1. 把第一組詞彙分別填寫在金字塔最小的三
   個空格裡，次小的三個空格分別填入第二
   組詞彙，第三組和第四組詞彙也比照填寫。
   - 三級消費者　 - 紅尾鵟　　　 - 食肉動物
   - 二級消費者　 - 菱背響尾蛇　 - 食肉動物
   - 一級消費者　 - 林鼠　　　　 - 食植動物
   - 生產者　　　 - 匍地仙人掌　 - 植物

2. 沿虛線剪下，然後摺起，並用膠帶或黏膠
   固定，成為一個立體的金字塔。

3. 想一想，如果殺蟲劑讓紅尾鵟的蛋殼變
   薄，在小鵟還沒有孵化前就破裂，那麼食
   物鏈的各層會發生什麼事？

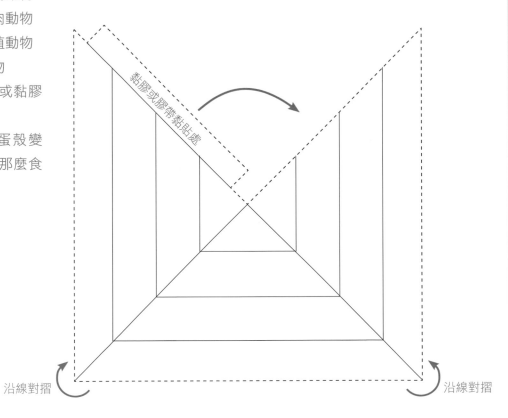

黏膠或膠帶黏貼處

沿線對摺　　　　　　　　　　　　　　　　沿線對摺

瑞秋和母親瑪麗亞都熱愛探索大自然，瑞秋有許多的童年時光，都是和母親一起在戶外度過。她在那段時期學到的觀察能力，成為她後來一生中研究生態系的基礎。

提升觀察能力的一個方法，就是走進大自然蒐尋葉子、樹果、貝殼等等。這項活動能讓你懂得運用對生態系的所學，更上一層樓。

請準備：

◆ 舒適的衣著
◆ 要蒐尋的物品清單
◆ 鉛筆
◆ 筆記本，或是有堅硬平面、可以讓你寫字時用來當墊板的東西

到公園或自然區（森林、海灘、草地、河岸）散步，盡可能完成清單上的項目，並做筆記。

生態系大尋寶

我探索的生態系是＿＿＿＿＿＿＿＿＿＿＿＿＿。

它屬於＿＿＿＿＿＿＿＿＿＿＿＿生物群系的一部分。

❑❑❑ 這個生態系裡的三種非生物，它們是＿＿＿＿＿＿＿＿＿＿＿＿＿＿＿＿＿＿＿

❑❑❑ 這個生態系裡的三種生物，它們是＿＿＿＿＿＿＿＿＿＿＿＿＿＿＿＿＿＿＿

❑ 觀察生物與非生物的互動。兩者分別是什麼？它們如何互動？＿＿＿＿＿＿＿＿＿＿＿＿＿＿＿＿＿＿＿＿＿＿＿＿＿＿＿＿＿＿＿

❑ 在這個生態系裡，生物的水源為＿＿＿＿＿＿＿＿＿＿＿＿＿＿＿＿＿＿＿＿＿＿＿＿

❑ 昆蟲的家是什麼樣子？你認得出在那裡的是哪一種昆蟲嗎？＿＿＿＿＿＿＿＿＿＿＿＿＿＿＿＿＿＿＿＿＿＿＿＿＿＿＿＿＿＿

❑ 這個生態系的分解者行為跡象是什麼？你能夠從中辨識出分解者嗎？ _____

_____

❑ 這個生態系的消費者行為跡象是什麼？你能夠從中辨識出消費者嗎？ _____

_____

❑ 找到生產者。它是什麼？ _____

❑ 找到一級消費者。它是什麼？ _____

❑ 找到二級消費者。它是什麼？ _____

❑ 可能居住或造訪這個生態系的三級消費者。它是什麼？ _____

❑ 找找看侵蝕作用的證據是什麼？你認為成因為何？ _____

_____

❑ 你發現的侵蝕現象，可能會影響哪些生物或非生物？ _____

_____

❑❑ 找到有著不同適應特徵的兩種植物。它們是什麼植物？適應特徵為何？ _____

_____

❑❑ 找到有著不同適應特徵的兩種動物。牠們是什麼動物？適應特徵為何？ _____

_____

瑞秋·卡森的南港島
小屋前方的海岸。〔照片
來源：作者拍攝〕

Chapter 6

大自然的驚奇

「沉思地球之美的人，能找到生生不息的力量泉源。」——瑞秋・卡森，《驚奇之心》（*The Sense of Wonder*），1965 年。

———隻海鷗在頭頂翱翔，發出叫聲。水面閃閃發亮，輕拍著布滿海藻的岩石。在藻葉間與藻葉下，散落著大大小小、五顏六色的蝸牛殼，有些殼已經有住客，有些荒廢著。空氣中飄浮著海水的鹹味，還有枯海藻的味道。

這是緬因州南港島岩岸的乾潮帶。在海水淹漫不到的地方，灌木叢生的懸崖上，矗立著一片樹林。陽光從松樹與雲杉之間灑落，映在地面，構成一片斑駁的光影。一隻紅松鼠爬上樹幹；有隻隱士夜鶇在高歌，只聽得到聲音，卻看不見身影。任何想要在此駐足、在自然之美裡呼吸的人，都可以從這片海岸和樹林得到寧靜。

瑞秋・卡森決定在南港島買下一塊地——它有 43 公尺寬的海岸線，往森林深入 107 公尺。特別吸引人的是潮池，她可以在那裡探索，一待就是好幾個小時。瑞秋在 1952 年愛上南港島的這片土地，那時她已經著手在寫下一本書，主題是介紹海岸。瑞秋想到自己能擁有一片可以尋找生物的海岸，就感到雀躍不已。

　　與世隔絕是南港島這片土地另一個吸引人的特點。隨著《大藍海洋》帶來的喧喧嚷嚷，瑞秋樂於遠離眾人目光的焦點，沉浸在一個屬於她自己的天地，保有她珍視的隱私。靠著《大藍海洋》的收入，她不但買得起土地，還有能力在那裡蓋一座小屋。

　　瑞秋想要保護她和家人的隱私，還有另一個原因。就在《大藍海洋》登上暢銷書排行榜幾個月後，瑞秋的小外甥女瑪喬莉懷孕了。她不但未婚，孩子的父親甚至是有婦之夫。在 1950 年代，「私生子」不被社會接納，還會讓母親和家族蒙羞。就在瑞秋渴望已久的寫作生涯已經開始起飛之際，家庭的煩惱再次來襲。

　　除了擔心醜聞，瑞秋和母親也擔心瑪喬莉的健康。瑪喬莉有糖尿病，這種疾病有許多併發症。即使是健康的女性，懷孕對身體都已經是艱辛的負擔，對於患有糖尿病的女性，懷孕更容易帶來更多其他風險。儘管瑞秋已盡量讓瑪喬莉得到良好的醫療照護，在新生兒誕生之前，瑪喬莉還是住院了好幾次。

全職作家

1951 年 6 月，瑞秋留職停薪休假 1 年。在這 1 年裡，她不用上班，領不到薪水，但是可以保留她的職位，等到休假結束再回到原來的工作崗位。然而 1 年假期結束時，瑞秋並沒有復職。她的書暢銷，不必再為錢煩惱，於是她決定辭去政府的工作。1952 年 6 月，瑞秋正式成為獨立的全職作家！

瑞秋有了更多的時間寫作，但是她卻覺得自己分身乏術。海岸書才寫到一半的期間，她和一位想要拍攝《大藍海洋》紀錄片的電影製作人簽訂合約。家中年邁的母親、有健康問題的外甥女和羸弱的新生嬰兒，緬因州還有一座在正在興建中的小屋，都需要她費神費時照料。

雖然有這麼多事情發生，瑞秋還是想辦法專心寫作。這本海岸書最初的構想，來自另一家出版社的編輯——霍頓米夫林的總編輯保羅・布魯克斯。日後，布魯克斯成為瑞秋信賴的編輯和朋友。

瑞秋努力寫書，卻總不如人意。她總覺得內容鬆散零碎，和其他海岸生物指南沒有什麼兩樣。她苦思好幾個月，終於在前往佛羅里達旅行之前找到解方。她要寫的不是一則又一則的生物簡介，而是大西洋的三大海岸類型：鱈魚角北邊的岩岸，潮起潮落如何影響岩岸生態；從大西洋中部到佛羅里達海岸，

《大藍海洋》紀錄片

《大藍海洋》紀錄片距離瑞秋的預期有很大一段差距。根據與電影製作人簽立的合約內容，她無法參與電影的前製工作，等到她和羅代爾意識到這一點，為時已晚。雖然瑞秋可以審閱劇本，但是不能修改。當她收到劇本，讀到拙劣的文法和科學上的錯誤，覺得糟糕透頂。她回覆了幾頁評論，雖然製作人做了一些修改，但是電影的定稿與書名簡直文不對題。

這部電影於 1953 年上映，評價褒貶不一。瑞秋在給朋友桃樂絲的一封信裡寫道，《華盛頓郵報》的影評「把劇本批評得體無完膚，我深表感謝」。不過，這部影片還是獲得了第 25 屆奧斯卡最佳紀錄片獎。

瑞秋和海因斯一同檢視海綿樣本。〔照片來源：雷克斯·加里·施密特，經瑞秋·卡森協會同意使用〕

霍頓米夫林出版社的編輯，保羅·布魯克斯。〔照片來源：凱特·布魯克斯，沃爾登森林計畫〕

海浪侵蝕沙灘，主宰了哪些生物的生存；佛羅里達群島的紅樹林沼澤和珊瑚礁、洋流，為什麼是許多動物賴以生存的命脈。

編輯布魯克斯和經紀人羅代爾都鬆了一口氣，瑞秋終於想清楚要怎麼寫這本書。雖然這表示大部分書稿她必須重寫，書也必須延後出版，但是編輯和經紀人清楚明白，瑞秋寫書是趕不來、催不得的。瑞秋很滿意這本書的寫作結構，於是潛心創作她的第三本書《海之濱》。

霍頓米夫林出版社聘請瑞秋之前在政府工作時的同事海因斯，為這本講述海岸生態的書畫插圖。海因斯和瑞秋花很多時間一起在潮池與海灘蒐集標本。在顯微鏡下，他們仔細觀察這些生物，記錄它們的結構和形狀，用鉛筆畫出精緻而準確的插畫。在完成觀察和繪畫之後，兩人再將這些生物放回到它們的海岸棲息地。

瑞秋在觀察海中生物時非常專注，經常在水裡一站好幾個小時，身體凍僵了都不知道，以至於需要海因斯幫忙把她抱回車上，而瑪麗亞已經在車裡準備好毯子。

不過，有時候反而是瑞秋充當救援隊。有一次，她看到一隻狗待在水面的沙洲上，潮水正在慢慢上漲。她擔心這個小傢伙會受困，於是涉水朝牠走去。狗正玩得高興，怎麼趕都不離開。瑞秋只好一把抱起狗，把牠救回岸邊。

還有一次，瑞秋和瑪喬莉半夜出去看海，海面一片閃閃發亮，非常壯觀——那是海洋浮游生物發出的生物螢光。突然間，瑞秋注意到一隻螢火蟲，

大概是把發光的生物誤認為是同類而飛近，結果困在水面。瑞秋撲身過去，把牠舀起來，放在沙桶裡晾乾。

親愛的桃樂絲

瑞秋觀察海星。〔照片來源：經瑞秋·卡森協會同意使用〕

1952 年底，瑞秋在南港島的小屋正在興建中，她收到未來的鄰居桃樂絲·佛里曼夫人的來信。桃樂絲和她的丈夫史坦利讀過《大藍海洋》，非常高興知道瑞秋在南港島有一處住所。桃樂絲寫信歡迎瑞秋來到這個地方。瑞秋回覆說，她非常期待夏日假期，可以在那裡安靜的寫作。她還邀請桃樂絲和史坦利，在她與母親隔年夏天搬進新居時過來做客。從這封信開始，她們展開一段真摯的友誼，一直延續到瑞秋去世的那一天。

瑞秋和桃樂絲在 1953 年 7 月相遇，兩人一見面就很投緣。她們都崇敬大自然和海洋，也都愛貓。在一個夏季夜晚，瑞秋帶著佛里曼一家去看退潮後的潮池。他們蒐集生物，用顯微鏡觀察，然後像往常一樣將它們送回海濱的家。秋天，瑞秋動身返回馬里蘭，之後整個冬天，她們幾乎每天都給對方寫信，甚至一次寫兩封信：一封是「普通信」，是桃樂絲可以朗讀給史坦利、瑞秋可以朗讀給瑪麗亞聽的，另一封是只有桃樂絲和瑞秋自己讀的「私人信件」。她們把私人信叫做「蘋果」，這個名字的由來是一種小玩具：一顆木製大蘋果，裡頭還套著一顆小木製蘋果。

桃樂絲·佛里曼。〔照片來源：耶魯大學拜內克古籍善本圖書館〕

大海的傳記作家

1954年，瑞秋完成了《海之濱》大部分的書稿，《紐約客》的編輯威廉·尚恩便想刊登這本書的精簡版，就像之前在《大藍海洋》出版時一樣。尚恩還告訴羅代爾，瑞秋「又來了」，意思是瑞秋又寫出一本精采好書。

沒錯，《海之濱》在1955年10月出版後短短幾週，就躍居暢銷書榜首。和以前一樣，瑞秋的書獲得好評如潮。她顯然不是一個「曇花一現的奇蹟」，而是一位妙筆生花的作家。

自《大藍海洋》出版之後，瑞秋就不斷獲得各項榮譽。《海之濱》出版後，同樣是各項榮譽不斷。她獲選為波士頓科學博物館的榮譽研究員，並獲頒美國大學女性協會成就獎。這些年間，瑞秋也不斷發表演說。她在美國科學促進會的年會演說，對奧杜邦協會會員發表談話。桃樂絲的先生史坦利喜歡自然攝影，他製作的幻燈片也為瑞秋的演說增色不少。

此時，在瑞秋的人生當中，桃樂絲和史坦利已經占了非常重要的地位，她甚至把新書獻給新朋友：「獻給桃樂絲與史坦利·佛里曼：你們與我一起走進乾潮帶，感受它的美與神祕。」

大自然的循環

由於瑞秋能把科學文章寫得引人入勝，各方的邀約不斷湧來——能不能

就這個主題或那個主題寫作？可不可以到某某協會來演說？有幾個邀約曾引起她的興趣。其中一個是關於雲的電視劇本寫作，這是一個 8 歲女孩所提出的主題。雖然瑞秋沒有電視，不過她認為這是接觸廣大觀眾、為地球生命的整體概觀說明的機會。雲的存在並非理所當然，它們是**水循環**的一部分，影響著地球上的每一個生物。

「**循環**」的意思是某種物質，從一個地方轉到另一個地方，並從一種形式變為另一種形式。水循環的歷程就是水蒸發到大氣中，從液體變為氣體，在高空冷卻形成雲，然後再變成雨或雪降落在大地，滲透到地下，成為地下水，或是流入湖泊、溪流或海洋，準備再次蒸發，重複這個循環。植物對水循環的貢獻是利用根部吸取水分，然後透過**蒸散作用**，讓水分從植物葉片、枝幹、花等部位，以水蒸氣的形式蒸發，釋放到空氣裡。動物也是水循環的一個環節：牠們喝水，然後排尿和出汗。人類則是在水循環中取水使用，又把用過的水排放到環境裡，所以我們還給大自然的水通常沒有我們取用的水那麼乾淨。

自然界中還有許多其他循環，例如碳循環和氮循環。自然界的循環運轉不息：這是養分歷經利用、變化、回收的過程。

就像瑞秋筆下大部分作品一樣，這個關於雲的節目聽起來就像一部詩歌。講到水循環時，有一段描述如下：「生生不息的循環沒有終點，一如它沒有起點。一個階段跟著一個階段，一而再、再而三的流轉，就像輪子的轉動一樣。」瑞秋甚至把空氣比為海洋，將人比為深海魚類：「想像一下，我們就像生活在海裡——這是一片空氣海，海面飄浮著白雲朵朵。而我們就像是深

地球有多少水？

我們有一個可以維持生命一切所需的地球，這個星球被水覆蓋，不過其中只有一小部分是淡水。而植物和動物，包括人類，能取用的部分又更少。

這個活動可以具體呈現地球有多少水。

注意：需要大人在旁監護。

請準備：

◆ 蘋果　　　　◆ 砧板
◆ 刀子
◆ 做標籤用的紙張或薄卡紙
◆ 筆或馬克筆　　◆ 量杯
◆ 鉛筆和紙　　　◆ 1 公升的水
◆ 容量超過 1 公升的量壺
◆ 食用色素　　　◆ 湯匙
◆ 5 cc 或 10 cc 的塑膠注射器
◆ 5 個透明小碗

第一部分

1. 蘋果代表地球。在砧板上，把蘋果對切 2 次成 4 瓣。取出其中一塊，標示為「陸地」。地球的陸地覆蓋面積比例差不多是這樣。

2. 取出另一塊（1/4），切成一半（1/8），再切成一半（1/16），再一半（1/32），如果可以的話，再切一半（1/64）。

3. 取出一塊 1/64 的部分，標示為「淡水」。地球的淡水覆蓋面積比例差不多是這樣。

4. 把剩下的 2 塊 1/4 顆蘋果，和其他再分切過的蘋果放在一堆，把它們標示為「海洋」。地球的海水覆蓋面積比例差不多是這樣。

5. 仔細看看代表淡水的蘋果。你認為地球上的淡水都位於哪裡？列

出你認為可能可以找到淡水的地方。

第二部分

6. 用量杯量1公升的水，倒入量壺。滴幾滴食用色素，攪拌一下。這些水代表地球上所有的水，包括海水和淡水。

7. 用注射器從壺裡取出 25 cc的水，小心注入一個小碗。壺中的水是地球全部的水，小碗裡的是地球全部的淡水，標記「淡水」。

8. 從小碗裡取出 17 cc，注入第二個小碗，標示為「冰帽和冰河」。

9. 從第一個小碗裡取出 7 cc的水，小心注入第三個小碗，把它標示為「地下淡水」或「地下水」。

10. 看一下第一個小碗裡剩下的水，只剩 1 cc。試著用注射器吸取全部的水，然後分別把 1/3、2/3 的水注入另外兩個小碗，把 2/3 cc的那碗標示為「其他」（土壤、大氣、永凍土所涵養的水分），1/3 cc標示為「河流、湖泊和濕地」。

11. 現在你可以想一下地球的水在哪裡，思考人與水的關係，並寫下你的想法。我們用的水是從哪裡來的？我們如何使用水？我們用完的水又去了哪裡？動物與植物使用的是哪些水？我們要如何珍惜水資源？

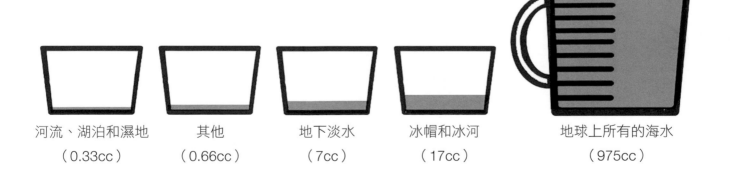

河流、湖泊和濕地
（0.33cc）

其他
（0.66cc）

地下淡水
（7cc）

冰帽和冰河
（17cc）

地球上所有的海水
（975cc）

瑞秋在緬因州南港島建造的小屋。〔照片來源：
貝茨學院艾德蒙‧馬斯基檔案和特藏圖書館〕

海魚，身上壓著成噸重的空氣。」

　　這個叫做「天空的故事」的節目播出時，瑞秋和家人在哥哥家裡觀賞。幾天之後，瑞秋買了電視機，母親瑪麗亞很開心。

與小羅傑一起探索

　　另一個讓瑞秋有興趣嘗試的邀請，是來自《婦友》雜誌的邀稿，請她寫一篇鼓勵大人和孩子一起體驗戶外生活的文章，共同培養對大自然的興趣。她很喜歡這個構想！

　　拜母親過去多年來的影響所賜，在泉谷鎮山林長大的瑞秋，對於大自然的美一直懷有一顆充滿好奇的童心。自從外甥女瑪喬莉的兒子羅傑進入她的生活，瑞秋就很樂於與他分享動植物的世界。瑞秋常帶著他去海邊感受大海的景緻、聲音和氣味，到林地裡探險，尋找松鼠、啄木鳥和其他生物的蹤跡。

　　瑞秋在這篇文章裡記述他們的冒險經歷，描述他們如何運用視覺、嗅覺、聽覺和觸覺等各種感官感受自然世界。瑞秋寫到孩子會注意、但大人經常忽略的小事。「如果我能說動負責所有孩子受洗禮的守護仙女，」她寫道，「我會拜託祂賜給世界上每個孩子一顆堅不可摧、足以陪伴他們一生的驚奇之

心做為禮物。」

瑞秋在 1956 年 7 月發表的這篇〈培養孩子的驚奇之心〉，瑪麗亞和瑪喬莉都讀得熱淚盈眶。羅代爾建議她把這篇文章寫成一本書。瑞秋很喜歡這個構想，但是她還有其他計畫要進行，所以暫時把它擱下。

突如其來的母職

1956 年秋天，瑞秋母親瑪麗亞的健康狀況持續惡化。這時候的她已經八十八歲。10 月的一個早晨，瑪麗亞跌了一跤，瑞秋立刻收拾好行李，開車返回馬里蘭州，馬上雇用一位管家負責照顧瑪麗亞。

1957 年的新年，瑞秋家增添更多哀傷。1 月 15 日，她的外甥女瑪喬莉染上肺炎而住院。3 週後，病情突然急轉直下，緊急再入院後不到幾個小時就離開這個世界。這時的瑪喬莉只有三十一歲，留下即將滿五歲的兒子羅傑。

瑞秋不只要安頓自己的哀傷、照顧年邁的母親，還要照顧年幼的孩子。瑪喬莉的姊姊維吉妮雅無力收養羅傑，這件事沒得選擇，瑞秋和母親決定撫養這個小男孩。

但瑪麗亞年事已高，真正承擔撫養責任的是瑞秋。她正式收養羅傑，於是外甥孫成為養子。這時將近五十歲的瑞秋，突然要開始當母親了。她缺乏育兒教養經驗，用於研究和寫作的時間又變得更加有限，焦慮和沮喪讓她感到心力交瘁。但是，她只能盡她所能的撫養羅傑。

與孩子在一起的瑞秋。〔照片來源：耶魯大學拜內克古籍善本圖書館〕

建立蟲蟲農場

在自然界的許多循環裡，有一類生物扮演著關鍵角色，我們稱之為「分解者」，它們以死去的植物和動物為食物，會在攝食的過程分解死去生物的營養物質。在這個過程裡，氮和磷等營養物質會再度成為地表上的植物可以運用的形式。分解者有細菌、真菌和無脊椎動物，如蠕蟲、蝸牛、馬陸和蠅蛆。

如果你曾經蒐集家中的廚餘，放入堆肥箱，你應該知道，這些廚餘會隨著時間分解，最後變成黑色、厚實的土壤，可以撒在花園裡做為肥料。這就是分解者在堆肥箱裡努力進食、排便，把營養物質從一種形式轉變為另一種形式的結果。

這個活動會教你怎麼建立一個小型室內堆肥箱，為植物生產優良肥料。

請準備：

◆ 乾淨的有蓋塑膠容器，容量約 750 cc的優格罐或是更大的容器
◆ 圖釘
◆ 2 張報紙
◆ 1/4 杯的水
◆ 可以弄髒的碗或桶子
◆ 2 大匙土壤

◆ 生廚餘：蔬果皮、蘋果核等
◆ 4 到 5 條蠕蟲：可以在魚餌店、蠕蟲店或鄰居的堆肥箱找到
◆ 網架、小石頭或其他可以墊高容器的小物品
◆ 接盛液體的淺盤

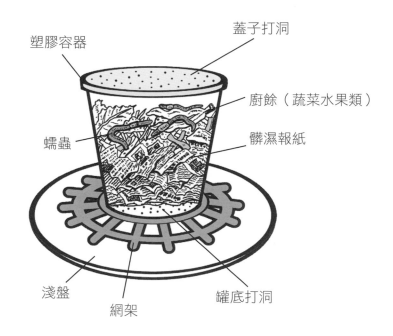

塑膠容器

蓋子打洞

廚餘（蔬菜水果類）

蠕蟲

髒濕報紙

淺盤

網架

罐底打洞

1. 用圖釘分別在塑膠容器蓋子及底部打大約 20 個洞。

2. 把報紙撕成長條狀，放到碗裡，用水浸濕，加進土壤混合。糾結成團的報紙要解開、分散。

3. 把土讓、濕報紙的混合物裝進容器裡，裝大約 3/4 滿。不要壓緊；蟲蟲需要空氣。

4. 在報紙堆上放一點廚餘，再放上幾條髒濕的報紙。

5. 輕輕的把蠕蟲放在報紙堆上。牠們會立刻開始挖地道，以遠離光線。把蓋子蓋上。

6. 把網架或幾顆石頭放在淺盤上，再把容器放在上方，讓液體可以從底部滲出。

7. 找一個適合的地點安置蟲蟲農場。如果氣候溫和，放在戶外。如果氣候寒冷，最好放在室內。每隔幾天察看一下裡頭的狀況，並給蟲蟲更多廚餘。只能給蔬菜水果類，不能有肉、油或脂肪。如果容器裡看起來太乾燥，噴一點水或是加一些比較濕潤的食物，像是瓜皮。

8. 保持耐心！分解者工作需要時間。

9. 蟲蟲會製造像是泥土狀的物質，這些是植物的優良肥料。液體會從容器底部滲出，把這些液體以 10 倍的水稀釋之後可以做為液態肥料，澆灌植物。

延伸活動：

運用同樣的方法擴大施作規模，用大型箱建立更大的蟲蟲農場，分解教室或全家的水果、蔬菜廚餘。

噴灑殺蟲劑的飛
機飛越農田上方。
〔照片來源：Alamy 圖庫
攝影公司〕

Chapter 7

萬物都相互關聯

「野生動物……正在凋零，因為家園正遭到破壞。但是，野生動物的家園，也是我們的家園。」——瑞秋·卡森，〈野生動物的捍衛之戰正在繼續〉《里奇蒙時報週日隨報雜誌》，1938 年。

在1940 和 1950 年代，科技不斷為人們帶來令人興奮的發明。噴射飛機出現，讓旅行更便捷；海底電話纜線的舖設，讓北美與歐洲之間的通訊更迅速。二次世界大戰之後，經濟蓬勃發展，美國家家戶戶開始買得起電視機、自動洗衣機等商品。許多產品都讓生活更便利：拋棄式尿布、貓砂和殺蟲劑等等。大眾非常喜歡這些新奇產品，而製造商也告訴他們，這些產品的使用安全無虞。

核子時代

從科學的角度來看，1940 與 1950 年代的非凡成就，讓許多人驚奇讚嘆。然而，瑞秋・卡森對其中一些新技術深感不安。她曾經認為，地球有些事物是人類永遠都無法改變的，如天空和海洋。但當科學進展又跨一大步的消息傳來：科學家已經知道如何分裂原子，也就是「核分裂」，瑞秋才意識到自己有多麼天真。此時科學家可以利用核分裂，製造一種極具摧毀力量的新型炸彈──核子時代就此拉開序幕。

1945 年 7 月 16 日，世界第一次核爆發生在新墨西哥州的沙漠。這次爆炸是一次測試。1 個月後，1945 年 8 月，美國在日本投下兩顆原子彈，一顆在廣島，另一顆在長崎，結束了二次世界大戰。兩顆原子彈的爆炸都造成許多生命的死亡，即使是倖存者，也都有可怕的輻射疾病。在接下來的 20 年裡，其他國家開始製造核子武器，並在全世界啟動數百次試爆。

原子彈爆炸時，危害人體的放射性粒子進入大氣。較大的粒子看起來像灰燼或雪，會落到地表。較輕的粒子則在大氣中四處移動，並隨著降雨和降雪返回地表。核輻射釋放危險的能量，會對動物和植物造成傷害，甚至讓它們死亡。「鍶 -90」這種放射性元素，原是實驗室的產物，如今已然成為公眾日常用語。科學家

在太平洋馬紹爾群島比基尼環礁的核爆測試所造成的蕈狀雲。〔照片來源：Alamy 圖庫攝影公司〕

在牛奶和兒童乳牙裡發現大量的鍶，世界各地的人們開始害怕核輻射，擔憂核輻射傷害自己、孩子和環境。

控制疾病與害蟲

在 1940 和 1950 年代，核子輻射並不是空氣中唯一的危險。二次世界大戰後，卡車開始在街道、公園和海灘上行駛，噴灑化學殺蟲劑來殺死攜帶疾病的昆蟲，例如傳播瘧疾的蚊子。噴灑計畫還包括消滅家蠅，因為人們誤以為牠們帶有小兒麻痺的病毒。這些人們口中的「霧卡車」會噴灑幾種化學物質，其中包括 DDT——瑞秋在 1945 年原想以它為題為《讀者文摘》雜誌撰文。官員聲稱 DDT 是二戰研究的禮物，對人體無害，但瑞秋對此始終抱持懷疑。

後來，美國農業部實施一項噴灑農田計畫，瑞秋為此感到擔憂。那項計畫

乳齒調查計畫

乳齒調查計畫在 1959 年展開。這項計畫由路易絲‧賴斯博士主持，目的是蒐集牙齒並測量裡頭的鍶 -90 含量。科學家懷疑，這種來自核彈試爆的放射性物質會進入食物中。

鍶 -90 的化學結構和鈣相似，進入人體後會儲存在骨骼和牙齒裡。鍶 -90 一旦進入骨骼和牙齒，就會釋放出可能損害軟組織的輻射，並增加人們日後罹患癌症的機率。

乳齒調查計畫持續 12 年，從密蘇里州聖路易斯地區的兒童蒐集了大約 30 萬顆牙齒。研究人員為了取得乳牙，會給捐牙的孩子一顆鈕扣，並頒給他們「牙齒行動俱樂部」的會員資格。在美國和加拿大的其他地方，也有類似調查計畫展開。

世界上第一次核彈爆炸發生在 1945 年 7 月，因此這項計畫需要這個日期前後期間的牙齒。結果顯示，相較於 1945 年之前的乳牙，1945 年以後的乳牙，鍶 -90 的含量大約多達 100 倍。

研究結果出爐之後，呈報給政府。這項乳齒調查報告促使甘迺迪總統決定，和蘇聯、英國進行禁止核子試驗條約的談判。禁止條約於 1963 年生效，而 5 年之後出生的孩子，牙齒中的鍶 -90 含量已經降低。

捐贈乳齒供科學研究的孩子會得到一顆紀念鈕扣。〔照片來源：美國國家歷史博物館〕

的噴灑目標是火蟻。火蟻在 1930 年代無意間從南美洲引入美國，而且傳播到南部許多州。火蟻正如其名，被牠螫到會感到如同被火燒炙一樣刺痛難耐。農民抱怨這些昆蟲傷害牲畜、摧毀農作物。農業部的因應措施就是派飛機低空飛過田野，噴灑殺蟲劑、DDT，甚至是效力更強的化學物質。瑞秋為生活在這些田野及附近的野生動物感到憂心：DDT 和其他化學殺蟲劑會對牠們造成什麼影響？

一起關於殺蟲劑的訴訟引起瑞秋的關注。紐約長島有幾名居民控告農業部，因為他們的土地在未經他們許可下被噴灑化學物質。長島噴灑殺蟲劑是為了擺脫由真菌引起、甲蟲傳播的荷蘭榆樹病。提起訴訟的長島居民是有機園丁，他們從來不對農作物使用化學品。他們聲稱，灑藥毒害他們的土地，也殺死了當地的鳥類、昆蟲和魚類。這些長島居民裡有瑞秋認識的人，她非常關心這場官司的進展。

1945 年，在紐約海灘噴灑 DDT 的卡車。請注意卡車身側所貼的標語：DDT，強力殺蟲劑，對人類無害。〔照片來源：Alamy 圖庫攝影公司〕

新計畫誕生

在 1957 年末，瑞秋這時還沒有新書寫作計畫的題材，正在思考她還能寫些什麼。她寫了關於海岸的雜誌文章，還寫了很多、很多信給桃樂絲。然後她想到，也許她應該重

新考慮寫一篇雜誌文章，談論殺蟲劑以及殺蟲劑對野生動物的影響。

就在瑞秋在思考這個構想時，防治天幕毛蟲、舞毒蛾和蚊子的空中噴灑藥劑計畫激怒愈來愈多人，其中有些人在當地報紙投書，表達他們的憤怒。作家奧爾嘉·歐文斯·哈金斯更進一步，不但在報社投書，還把信的副本寄給瑞秋。哈金斯的信，以及報紙上的其他憤怒投書，讓瑞秋的母親瑪麗亞對於鳥類平白無辜送命感到憤怒。她拿起電話，打到白宮投訴！

關於噴灑殺蟲劑對野生動物帶來的浩劫，各種報導在瑞秋的腦海裡縈繞不去。她開始親自打電話，不是打給白宮，而是打到各個政府部門詢問。瑞秋還寫信給長島訴訟案發起人之一瑪喬莉·史波克。對方很高興備受推崇的作家對他們的案子感興趣，陸續寄了一批又一批的資料給瑞秋。接下來的幾個月裡，她居中牽線，讓瑞秋認識眾多科學家、醫生。

瑞秋相當確信，她應該寫一篇文章討論殺蟲劑的危害，但是似乎沒有雜誌對這個話題感興趣。她的經紀人羅代爾聯繫了許多雜誌編輯，每次都收到同樣的負面回音。瑞秋和羅代爾商討對策，她們認為寫一本書或許是個辦法。羅代爾詢問出版《海之濱》的編輯布魯克斯，終於得到肯定的回覆。布魯克斯很有興趣出一本關於殺蟲劑危害的書，他甚至提出一個書名：《控制大自然》。

隨著寫書計畫在她腦海中成形，瑞秋不斷蒐集資料。她還聘請一名研究助理，蒐集、閱讀、整理愈來愈多的研究報告和文章。隨著時間推移，瑞秋原來想撰述殺蟲劑對野生生物的危害，逐漸發展到對人類的危害。當時，殺蟲劑 DDT 已經廣泛用於美國各地的家用產品，用來殺死「討厭」的蟲子，如

推廣 DDT 有益用途的雜誌廣告。〔照片來源：
科學史研究所〕

蚊、虻、蟑螂等。

　　瑞秋辦公桌上資料的愈堆愈多，包括人體曝露在充斥
化學物質的環境中，健康風險的調查研究。隨著她的研究
和閱讀，她在資料清單又加入其他化學殺蟲劑，包括氯
丹、七氯、安特靈和地特靈。瑞秋意識到核子輻射與大範
圍噴灑殺蟲劑之間的相似處，兩者通常都是隱形不可見
的，可以在環境中傳播很遠的距離，並皆對接觸到的野生
動物與人體造成嚴重後果。瑞秋將新書書名改為《人類對
抗自然》。

大自然的關聯

　　秉持著她之前在所有的書裡一貫的理念，瑞秋想要強
調包括人類在內，所有生物之間的關聯。她認為人們需要
了解，濫用殺蟲劑將會傷害生態系裡不同參與者之間的關
係。

　　所有的生態關係都是動態關係，會隨著時間而變化。
順著大自然的節奏而運作的生態系，不斷歷經予與取、得
與失的更迭，通常需要一段時間來適應不斷變化的環境。
例如，溫暖空氣加上潮濕土壤的理想組合，也許有利於某

種植物茁壯成長，而成為某些植食動物豐沛的食物來源，而利於該種動物繁殖。但是，隨著這些植食動物的數量增加，吃掉愈來愈多的植物，將會造成該植物種群的消逝。不過，這又將成為另一種植物的生長機會，也許這種新植物是另一種昆蟲的最愛，而讓這種昆蟲受益。在生態系裡，參與者之間具有一種不斷變化的動態關係，這只是一個例子。

如果發生劇烈事件，可能會破壞這種平衡。在地震或森林火災等事件發生後，生態系會迎來新的開始，大自然會重新創造生態系。被風吹來的植物種子開始發芽，倖存下來的樹根長出新生根系，昆蟲飛來，動物漫步而來。慢慢的，一個新生態系就此發展，歷經生態演替過程的各個階段，再次成為一個成熟的生態系統。大自然會自行運作，以恢復平衡。

在廣闊的土地和水域施用殺蟲劑，是人類破壞自然平衡的一個例子，這些化學物質會同時傷害或殺死許多物種和人。瑞秋在她的新書裡寫到一些例子，描述鳥類和動物在噴霧飛機飛掠空中之後死亡。在其中一章，她提到伊利諾州有個社區為了消滅入侵的甲蟲而噴灑殺蟲劑「地特靈」，結果大批其他動物也跟著陪葬，包括蚯蚓、知更鳥、草地鷚、環頸雉、兔子和地松鼠，貓和羊等家畜也生病或死亡。在另一個例子中，加拿大東部為了控制雲杉芽蟲噴灑 DDT，藥劑覆蓋占地數千畝的樹木。在噴灑後的幾天內，森林裡的鳥類死亡，溪流裡的昆蟲和鮭魚也大量死亡。這些化學物質影響的物種，遠遠多於原來要防治的害蟲，因此瑞秋認為，這些化學物質不應該被稱為「殺蟲劑」或「除草劑」，應該稱為「殺生物劑」。

建立一個平衡的生態系

生態系是由一個特定地區的生物和非生物所組成的群落。生態系透過各個組成部分的得與失、取與予而保持運作。一方的給予，是另一方的所得。例如，一隻動物得到氧氣，給出二氧化碳；一棵植物則剛好相反。你可以在家創造一個迷你的封閉生態系，觀察它如何運作。

請準備：

◆ 1 公升的水
◆ 自來水除氯用的淺盆
◆ 2 個 2 公升的塑膠瓶
◆ 麥克筆
◆ 剪刀
◆ 水族箱
◆ 沙礫或小石頭
◆ 幾株池塘植物：如金魚藻或浮萍，或是其他可以在寵物店或水族店找得到的品種

◆ 2 到 4 隻淡水動物，像是孔雀魚或螺類（在寵物店或水族店找得到的品種）
◆ 強力橡皮筋和網子（舊絲襪的效果不錯）
◆ 花園土壤或培養土
◆ 6 到 8 顆種子（麥子或苜蓿就很理想）
◆ 2-3 片葉子和 2 根小枝椏
◆ 1 到 2 種土壤中的動物，例如鼠婦或蚯蚓
◆ 透明膠帶
◆ 紙或筆記本，筆
◆ 照相機

1. 如果是用自來水，把水倒進淺盆，曝露於空氣中，靜置 24 小時，以除去水中的氯。

2. 用麥克筆在瓶身做記號，畫出一圈裁切線。用剪刀把瓶子裁成 3 個部分，如下圖所示。使用剪刀時務必小心。

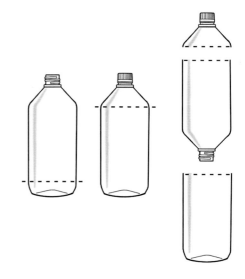

3. 在瓶底部舖上厚 3 公分的沙礫。倒入除氯後的水，水高大約離切口處 8 公分。放進池塘植物和池塘動物。

4. 把瓶口部的瓶蓋移除，然後倒放。在開口處包覆網子，用橡皮筋綁緊。

5. 加入 3 公分沙礫、8 公分土壤、種子、葉子、枝椏和陸地動物。

6. 把倒放的瓶子放到瓶底部，用膠帶固定。

7. 把較小的瓶口部塞進切口內部約 3 公分，用膠帶固定，旋緊瓶蓋。

8. 把這個迷你生態系放在明亮的地方，讓植物可以得到光照，進行光合作用。不要放在非常熱或非常冷的地方。你可能需要多試幾個地方，才能找到看起來最適合的地點。

9. 你的迷你生態系建立好後，做個紀錄，如果有相機，為它拍照。接下來，每週記綠一次，拍一張照片，追蹤生態系各部分的狀況。

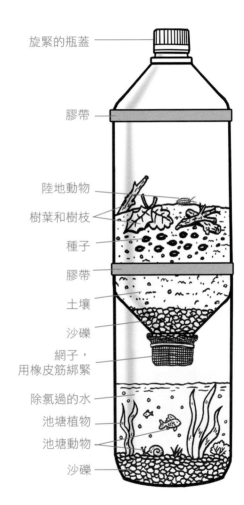

旋緊的瓶蓋

膠帶

陸地動物

樹葉和樹枝

種子

膠帶

土壤

沙礫

網子，
用橡皮筋綁緊

除氯過的水

池塘植物

池塘動物

沙礫

日積月累的問題

....

　　瑞秋還描述到，生態系裡動物之間連動的毀滅關係。假設蚯蚓從土壤中吸收一種化學物質，然後蚯蚓被知更鳥吃掉，就會有部分化學物質進入知更鳥的體內。如果知更鳥吃到另一種、又一種、再一種吸收化學物質的蟲，牠的體內累積愈來愈多的化學物質，這個過程稱為「生物累積」。假設有隻狐狸掠食這隻知更鳥以及其他 5 隻同樣吃到化學蚯蚓的鳥，那麼狐狸體內會累積更多的化學物質。化學物質沿著食物鏈從一層累積到上一層，稱為「生物放大效應」。位於生態金字塔頂端的物種，累積危險化學物質的程度最嚴重。

　　除了殺死動物，化學殺蟲劑還會產生更隱微、但同樣具有破壞性的影響。例如，科學家就發現身為頂級掠食者的白頭海鵰，又叫做「白頭鷹」，正陷入族群滅絕的災難中。在 1700 年代後期，美國境內白頭海鵰的數量有數萬隻。到了 1940 年代和 1950 年代，這種象徵美國的雄偉鳥類卻瀕臨滅絕。

　　白頭海鵰數量衰退有幾個原因，築巢棲息地的喪失和非法射擊是其中兩個，另一個與生態系的關聯和生物放大效應有關。白頭海鵰以魚為主食，當牠們開始吃到被 DDT 污染的魚，這種化學物質就在白頭海鵰體內累積。DDT 讓牠們產下蛋殼變薄的蛋，以至於母鳥孵蛋時，很容易把蛋壓破壓裂。有時候，蛋殼雖然沒有破，但是無法孵化出小鵰，或是在孵化不久小鵰就死亡。DDT 不只是影響接觸到它的鳥類，還傷害鳥類的下一代。

　　後來，在瑞秋去世幾年後，白頭海鵰的命運有所改善。由於美國立法保護這些鳥類和牠們的巢，加上圈養繁殖計畫的實施，還有對 DDT 的禁令，牠

們的數量開始攀升。到了 2007 年，美國本土，阿拉斯加和夏威夷除外，有超過 9000 對白頭海鵰築巢。白頭海鵰的復育是非常了不起的成就，而魚鷹、游隼、老鷹、褐鵜鶘和其他蛋殼受到 DDT 影響的鳥類，也都歷經同樣的過程。

化學的殘存力量

DDT 以及瑞秋在她的書裡寫到的許多殺蟲劑，都屬於**持久性有機污染物**，簡稱 POPs（全名為 persistent organic pollutants）。「持久」表示它們需要很長的時間才能在環境中分解，有時長達幾十年；「有機」表示它們的基本結構含有碳和氫；至於「污染物」，則表示它們會毒害人類和野生動物。瑞秋在她討論殺蟲劑的書裡提到持久性的問題：「沒有人知道最後的影響會是什麼。」

對於化學的持久性以及對人類的長期影響，瑞秋參考了威爾罕・修伯博士的研究。修伯博士是美國研究人類職業和環境引發癌症的先驅科學家。瑞秋為書蒐集資料曾與他通信，當時他正在國家癌症研究院工作。修伯的職涯早期曾在化學製造商杜邦公司工作，他在那裡發現，杜邦公司的工作人員因為使用某些工業染料而患膀胱癌。杜邦公司想要掩蓋修伯的警告，最後解雇他。修伯持續研究的**致癌物**當中有一項就是 DDT。

瑞秋還採用了備受尊崇的梅約診所醫生的研究。梅約診所有愈來愈多的血液疾病患者前來就醫，包括白血病，這是骨髓和其他造血組織的癌症。一位梅約診所的醫生發現，這些患者大多都曾接觸過殺蟲劑噴霧。有些人患了

正在捕食魚類的白頭海鵰。〔照片來源：iStock 免版稅圖庫公司〕

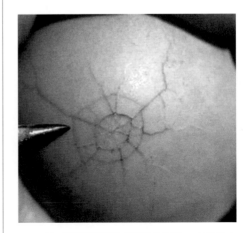

DDT 造成蛋殼變薄而出現裂痕。〔照片來源：美國地質調查局帕圖森野生動物研究中心〕

生物累積與生物放大效應的實作練習

瑞秋·卡森在她的文章裡列舉幾個生物累積與生物放大效應的例子。

這個活動是要教你如何模擬生物累積與生物放大效應。

請準備：

◆ 空蛋盒

◆ 剪刀

◆ 麥克筆

◆ 100 顆糖果：75 顆為一種顏色（A），25 顆為另一種顏色（B）。所有糖果的大小和形狀都必須相同

◆ 用來裝 100 顆糖的容器

◆ 鉛筆

◆ 本頁表格的影本

◆ 2 顆骰子

◆ 4 個小碗

◆ 4 個大碗

生物	模擬	個體體內 DDT 含量	DDT 總量	除以個體總數	個體平均 DDT 含量	三次模擬的個體平均 DDT 含量
浮游植物	1		25	/100 =	1/4 or 0.25	
	2		25	/100 =	1/4 or 0.25	0.25
	3		25	/100 =	1/4 or 0.25	
浮游動物	1	_ + _ + _ + _ + _ + _ + _ + _ + _ =		/9 =		
	2	_ + _ + _ + _ + _ + _ + _ + _ + _ =		/9 =		
	3	_ + _ + _ + _ + _ + _ + _ + _ + _ =		/9 =		
魚	1	_ + _ + _ + _ =		/4 =		
	2	_ + _ + _ + _ =		/4 =		
	3	_ + _ + _ + _ =		/4 =		
鷹	1	_ =		/1 =		
	2	_ =		/1 =		
	3	_ =		/1 =		

1. 裁切蛋盒，取 9 個蛋杯，分別編號，從 2 號到 10 號。

2. 把 100 顆糖果放進容器。A 顏色的 75 顆代表沒有受到污染的浮游植物。B 顏色的 25 顆代表含有 DDT 的浮游植物。表格顯示，25/100（即 1/4）的浮游植物含有 DDT。因此，浮游植物種群的個體平均 DDT 含量是 0.25。

3. 把蛋杯放在桌上代表以浮游植物為食的浮游動物。閉上眼睛，隨機從容器裡取出 10 顆糖果，放進一個蛋杯裡。重複這個步驟，直到每個蛋杯都有 10 顆糖果為止。容器裡會剩下 10 顆糖。

4. 計算並記錄各個蛋杯有幾顆 B 顏色的糖。也就是説，這是每個浮游動物吃到含 DDT 浮游植物的量。計算浮游動物的平均 DDT 量，如表中所示。

5. 擲骰子，根據骰子點數選蛋杯，把 2 個蛋杯的糖倒進 1 個小碗，4 個小碗都如此進行。如果擲出點數的蛋杯已經用過，繼續擲，直到出現還沒有用到的蛋杯編號。忽略 11 點和 12 點。會有 1 個蛋杯沒有用到。

6. 計算並記錄各個小碗裡有幾顆 B 顏色的糖，這是每條魚從他所吃的浮游動物所攝取的 DDT 量。計算魚類的平均 DDT 量。

7. 把 4 個碗放在桌上，閉上眼睛移動它們，讓你無法分辨它們原來的位置。眼睛繼續閉著，隨便挑 2 個碗。睜開眼睛，把 2 個碗裡的糖全部倒進代表鷹的大碗。會

有 2 個小碗沒有用到。

8. 計算並記錄大碗裡有幾顆 B 顏色的糖，這就是鷹從他所吃的魚所攝取到的 DDT 量。把數字記錄在表格裡。

9. 把所有糖果都倒回容器裡，重複模擬 2 次。計算食物鏈裡各個生物 3 次模擬試驗的平均值。

10. 你的模擬結果如何？在實驗結束時，哪一種生物有最高的 DDT 量？為什麼會這樣？

POPs 去了哪裡？

持久性有機污染物（POPs）是引起全世界關注的化學物質，其中包括 DDT 和殺蟲劑阿特靈，還有工業用化學物多氯聯苯、戴奧辛等其他物質。這些化學物的危險，在於它們具有以下 4 個特徵：

1. 它們會在植物與動物的體內累積，並具有沿著食物鏈而產生的生物放大效應。這表示位於食物鏈頂端的頂級掠食者，體內的 POPs 含量特別高。例如，全球海洋裡有許多虎鯨的體內脂肪都積存了多氯聯苯。

2. 它們具有持久性，在很長的一段時間內都持續存在，而且不會分解。DDT 可能需要長達 20 年的時間，才能分解成不同的形式。即使如此，分解之後的形式，稱為 DDE，仍然對動物有害。

3. 它們會進入水、土壤和空氣，在地球各處旅行，經常能到達離它們最初進入環境之處非常遙遠的地方。許多 POPs 搭乘地表上方的氣流，抵達地球的兩極。根據科學家的測量，極地地區居民的母乳含有大量 POPs。

4. 它們會增加罹患癌症的風險、引發生殖問題、改變免疫系統、影響大腦等，因而影響動物的健康，包括人類在內。例如，2012 年一項研究指出懷孕期間，曝露在大量 DDT 的母親，其女兒成年後患乳腺癌的風險較高。

急性白血病，並在幾天內死亡。在講述這些事例時，瑞秋把曝露於殺蟲劑的影響和核子輻射的影響做類比：兩者都可能導致突發而極端的疾病。

身邊的人

瑞秋在尋找事實以及驗證事實的數據時，始終堅信大眾需要了解殺蟲劑的危險。她的母親瑪麗亞認同並全心全意支持女兒的新書計畫，但是她的朋友桃樂絲卻心存疑慮。桃樂絲喜歡瑞秋充滿詩意的海洋寫作，樂於參與像《海之濱》的書寫過程。而殺蟲劑這樣一本談毒物的書，主題似乎非常負面，桃樂絲無法有任何貢獻。

瑞秋並沒有因為桃樂絲的疑慮而退怯，她只是盡力向她親愛的朋友解釋，這項新書計畫對她有多麼重要。瑞秋認為她一定要說出這一切，否則永遠無法

心安。

布魯克斯理解瑞秋的熱情，也理解書名的重要性。書名必須與讀者建立連結。瑞秋、羅代爾和布魯克斯對《人類對抗自然》這個書名都不滿意。他們討論了其他書名，但都不理想。在布魯克斯閱讀了關於鳥類的章節後，他建議用「寂靜的春天」做為章名。瑞秋說應該不錯。

羅代爾也讀了鳥類那一章，她覺得很好，而且覺得章名更好，建議書名就取為《寂靜的春天》。但瑞秋還是舉棋不定。

瑞秋與桃樂絲。〔照片來源：康涅狄格學院琳達李爾特別收藏和檔案中心〕

永別了，瑪麗亞

1958 年 11 月，瑪麗亞・卡森的健康狀況再度惡化。她先是中風，然後染上肺炎。瑞秋知道，母親的人生已經快要走到盡頭。

瑪麗亞離世前的最後一個晚上，瑞秋守在她的床邊直到清晨，最後瑞秋握著瑪麗亞的手，看著她嚥下最後一口氣。那位引領瑞秋進入大自然世界、放棄許許多多事物、努力讓瑞秋接受教育、一直陪伴在瑞秋身邊充當助手的女士，離開了人世。瑞秋為母親的離世哀慟莫名。

新的一年到來，瑞秋知道母親對這本談殺蟲劑的書抱持多深的信念，於是重新振作，投入研究和寫作。這本書她決定要採取宏觀的觀點，因此她必須閱讀多種不同領域的最新資訊，包括化學、細胞生物學和癌症的知識。如

同她之前寫海洋書的習慣，一邊研究一邊記錄做筆記。瑞秋預期這本書將非常的獨特，觸及的層面定會掀起波瀾並引發敵意。她必須更加嚴謹，必要讓提出的每一項事實都精準無誤，而且有詳實的紀錄。

失去母親對瑞秋來說非常的煎熬，不過在某些方面她還是得到自由的空間，和朋友相處，不必再擔心母親敏感的感受。瑪麗亞和羅代爾一直都不是處得很好，在瑪麗亞死後，瑞秋與羅代爾的關係變得比較自在。瑞秋再也不必關照母親需要的日常照顧和關注。

瑞秋現在是羅傑唯一的照顧者，羅傑是她的外甥孫，也是她的養子。1959 年夏天，他們第一次在沒有瑪麗亞的陪伴下待在南港島小屋。一開始，羅傑去參加夏令營，瑞秋認為自己的工作進度可以突飛猛進。然而，夏令營才過 1 週後沒幾天，羅傑就感染嚴重的肺病。瑞秋只得犧牲寫作，再次擔任起她熟悉的看護工作。

沒有蔓越莓醬的火雞大餐

1959 年秋天，發生一件可怕的公共衛生事件，印證了瑞秋對於殺蟲劑的擔憂不但真實而且重要。感恩節即將到來之時，整個美國突然陷入恐慌，報紙大肆報導蔓越莓的食用不安全！

蔓越莓是傳統火雞大餐的主要食材，1959 年的蔓越莓大恐慌之所以會發生，是因為西岸少數農民在蔓越莓生長期間，在錯誤的時間施用化學除草

劑。當農民採收時，莓果還有殘留的化學物質，政府衛生部門主管宣布這些蔓越莓不適合食用。雖然其他地區的莓果沒有受到污染，但是雜貨店裡的袋裝蔓越莓和蔓越莓醬罐頭看起來都一樣，無法分辨是否受到汙染。民眾都不買，許多雜貨店只好把蔓越莓產品下架。

這起事件重創蔓越莓產業，也讓監管不力的農業部看起來很無能。對於瑞秋來說，這起事件來得正是時候，它說明農業使用殺蟲劑可能存在的危險，提高了公眾的食品安全意識。

蔓越莓大恐慌事件以及其他新聞事件，包括關於白頭海鵰數量銳減的報導，讓瑞秋對於自己要傳達的訊息也更有信心。那年秋天，她的寫作有了重大進展。她掌握確切的證據支持她的主張，又寫出好幾章。她把完成的章節寄給科學家審查和評論。

在羅代爾的安排下，書稿內容也發給《紐約客》雜誌，編輯尚恩打電話告訴瑞秋，她的作品傳達的訊息讓人振奮。瑞秋在欣喜之中迎來 1960 年，她相信這將是美好的一年，書稿會在這一年完成並出版，這是她一生最重要的工作。然而，這一年的發展，並不如她所想像的那樣。

和時間賽跑

1 月，瑞秋的腸道出現潰瘍。之後，她染上病毒性肺炎，接著是鼻竇感染，她一連幾天都無法工作。後來，她在左乳房發現兩個腫塊，於是在 3 月

份做切除手術。醫生說，腫塊是**良性**的，但是他還是切除了瑞秋的整個乳房。醫生並沒有建議任何進一步的治療，瑞秋覺得很滿意，認為乳房切除手術是適當程序，而且是預防措施，一切都很好。於是她專心休養，並重新開始寫作。但是，日子沒有平靜太久。

秋天，瑞秋在她的兩根肋骨之間發現了另一個腫塊。醫生不確定這腫塊是什麼，也不知道它是從哪裡來，他建議進行**放射治療**。治療讓她非常虛弱，於是她決定徵求第二意見，寫信給認識的癌症專家喬治‧克萊爾博士。他調閱瑞秋的醫療紀錄，發現瑞秋的外科醫生沒有對她說實話，之前切除的腫塊是**惡性**的，而醫生當時就知道這點。

從現在的觀點來看，這件事似乎讓人難以理解：即使瑞秋曾經問過醫生，腫塊是否為惡性，醫生卻不照實說。在 1950 年代，對於女性病人的健康問題，醫生通常是和她的丈夫討論，而不是本人。由於瑞秋沒有丈夫，也許醫生認為最好不要討論她的病情。瑞秋從克萊爾那裡得知真相：她患有乳癌，而且癌細胞已經擴散，建議她做放射治療。

糟糕的健康狀況不但打斷瑞秋的工作，也讓時間一下子變成重要的考量因素。她意識到自己的時間有限，雖然不知道到底剩下多少時間。她比任何時候都清楚，這本關於殺蟲劑的書她必須寫完。瑞秋向布魯克斯和羅代爾透露她的健康問題，但是堅持消息保密。她不想私生活被公開討論，她還擔心批評者可能會將她的健康診斷，和她書中討論的致癌物觀點聯繫起來。

令人難過的是，瑞秋還有其他的健康問題。1961 年初，她進行放射治療時，膝關節和踝關節感染細菌，有好幾個星期不能走路，而且病得很重，身

體虛弱到無法寫作。

到了春天，瑞秋終於可以集中心力，重新開始寫作。她在緬因州的小屋度過美好的夏天，書稿接近完成。夏末，當羅代爾到緬因州看望瑞秋時，她再次提到這本書的書名。羅代爾深信《寂靜的春天》很適合這本書。羅代爾引用了英國詩人濟慈的詩句：

雖然莎草從湖中枯萎，
也沒有鳥兒歌唱。

聽到這些詩句，瑞秋被說服了。新書書名確定為《寂靜的春天》。

在這一年結束之前，還有最後一個醫療等著挑戰瑞秋。11 月，她的眼睛虹膜（眼球有顏色的部分）發炎腫了起來。虹膜炎的症狀，讓瑞秋劇痛難當，更糟糕的是讓她暫時失明。她無法閱讀書稿，只好請助理珍妮・戴維斯大聲朗讀給她聽，瑞秋以口述方式修改。

1962 年 1 月，《紐約客》的尚恩審閱那厚厚一疊的書稿，被書裡的內容深深打動。尚恩是一位出色的編輯，他打電話給瑞秋，衷心的告訴她，這本書是「一項了不起的成就」。當天晚上，羅傑入睡之後，瑞秋和她的貓傑菲坐在書房的地板上，她哭了。歷經 4 年的研究和寫作、遭遇一次又一次的挫折，她終於熬了過來。她完成了《寂靜的春天》。

1963 年 6 月，
瑞秋・卡森在研究
殺蟲劑的政府委員會
前發表聲明。〔照片來源：
美聯社〕

Chapter 8

當鳥兒無法歌唱

「這個飽受摧殘的世界，讓新生命無法重生的，不是魔法，不是敵人的行動。是人們自作自受。」——瑞秋‧卡森，《寂靜的春天》，1962 年。

瑞秋‧卡森在寫《寂靜的春天》這本書時，充分了解到其中資料很複雜，涉及化學、生物學和統計學。但是，她並不是為科學家寫這本書。她希望各種各樣的人都能閱讀和理解她提出的議題。

瑞秋早期關於海洋的書，以優美的文字見長，雖然《寂靜的春天》的核心內涵如此不同，但是她仍然設法保持文字的優雅。她運用能觸動讀者情感的例子，講述受到化學殺蟲劑影響的真人實事。她還採用隱喻等文學方法，運用詞彙做比較。例如，她以〈地球的綠斗篷〉、〈死亡之河〉等做為章名。

她選擇用〈明天的寓言〉做為第一章的章名，為全書開場。在這個寓言裡，她虛構一個小鎮，鎮上有開花的植物、豐富的野生動物，還有物產豐盛的農場。一場「白色粉末」從天而降，災難跟隨著降臨到這座小鎮：蜜蜂不再在蘋果園裡穿梭，鳥兒不再歌唱，農場動物產下病懨懨的小動物，而人們也生病了，有些甚至死亡。在寓言接近尾聲時，瑞秋解釋說，這些事件沒有全都發生在同一個城鎮裡，但是每一個事件都確實發生在美國的某個地方。

瑞秋在她的寓言中明白點出人與自然的聯繫：人們要依靠大自然才能生存，不能沒有乾淨的水喝，不能沒有植物製造我們呼吸的氧氣，也不能沒有蜜蜂和鳥類為人們食用的植物授粉，諸如此類。大自然提供的許多事物，我們經常視為理所當然，科學家稱之為「**生態系服務**」。這個詞彙在那個時代還不存在，但是貫穿《寂靜的春天》全書的觀念，就是每個生物都對生命網有所貢獻，也都需要生命網。

毀譽褒貶
....

1962 年 6 月中旬，《紐約客》雜誌刊出《寂靜的春天》書摘三部曲的第一部。一刊出，《紐約客》的辦公室就被如雪花般飛來的信件給淹沒。許多讀者對瑞秋的文章內容感到驚訝。有些人感謝她揭露殺蟲劑的濫用，有些人對政府部門和化工公司表示憤怒。還有些讀者出現敵意反應，他們批評瑞秋的主張，有些人甚至對她做人身攻擊，宣稱一個未婚、沒有孩子的女人沒有理

由關心後代。

　　瑞秋知道《寂靜的春天》會引發爭議。過去她的作品總成為眾所矚目的焦點，卻不曾像這次這樣，受到部分讀者怒氣相向。儘管書中的訊息有科學研究的背書，但她還是擔心殺蟲劑製造商會控告她或她的出版社。《紐約客》和出版社的律師審閱了書稿，瑞秋本人則再三查證書中的每一項主張。

　　在《紐約客》刊出第三部分之後，出版社收到許多索取全書預印本的要求，有些來自殺蟲劑廠商和化工企業集團。不出所料，到了 8 月，出版社收到來自惟洗可化學公司的威脅信。

　　瑞秋的編輯布魯克斯心生警覺。他不希望任何事情破壞他們的出版計畫，他請毒物學家、化學實驗室主任審閱這本書以及惟洗可公司的信，並詢問瑞秋關於書中的資料來源。得到滿意的回覆之後，布魯克斯親自回信給惟洗可公司，聲稱瑞秋和出版社都確認這本書的準確性。惟洗可公司仍威脅要對《紐約客》和奧杜邦學會提告。最後，沒有人屈服，也沒有人被起訴。

危險的藥物
· · · · · · · · · · · · · · · · ·

　　出版社擔心，全書在 9 月出版之前，人們可能會對《寂靜的春天》失去興趣。結果證明這是多慮。夏天時，一則關於藥物安全的報導，讓一項化學物質的危險成為公眾矚目的焦點。

　　報導的主角是德國開發的一種藥物，名叫「沙利竇邁」。在歐洲、加拿

藥學家凱爾西阻止沙利竇邁在美國銷售。
〔照片來源：美聯社〕

大、澳洲、日本和其他地方，醫生把沙利竇邁當做安眠藥，並用來緩解婦女懷孕初期的噁心症狀。美國有家製藥公司也想銷售沙利竇邁，但是美國食品與藥物管理局的審查人員法蘭西斯・奧爾德姆・凱爾西博士不肯放行。出生於加拿大的藥學家凱爾西認為，沒有足夠的證據顯示這種藥物安全無虞。即使代表製藥公司的人鍥而不捨的糾纏，拜託她簽署文件，她還是拒絕批准。因此，沙利竇邁從未在美國銷售。

在販賣沙利竇邁的國家，出生時患有海豹肢症這種嚴重癥狀的嬰兒愈來愈多。患有海豹肢症的嬰兒在母親子宮內發育時，手臂和腿骨無法正常生長。有時候，手掌會直接從肩部長出，腳掌則是直接從軀幹長出。

德國和澳洲的醫生開始懷疑，出生時患有海豹肢症的嬰兒突然增加，可能和沙利竇邁有關。最後證實他們的想法是對的。而在美國，由於凱爾西拒絕批准這種藥物，無數美國嬰兒得以擺脫這種可怕的先天缺陷。1962 年 7 月，凱爾西勇敢捍衛科學證據的報導，躍上全國各地的報紙。8 月，甘迺迪總統授予她傑出服務獎。

大眾被這個既讓人哀傷又充滿英雄俠義的報導所吸引，這時候，如果有任何人擔心大眾會對《寂靜的春天》所傳達的訊息失去興趣，都是杞人憂天。這本書在 9 月發行時，化學品的濫用已經是大眾最關心的議題。瑞秋意識到沙利竇邁事件和殺蟲劑事件之間的關聯，她告訴記者，這兩個例子都是

因為人類急於使用合成化學物、卻又不了解它潛在的危害所造成的。

對瑞秋的評論
· · · · · · · · · · · · · · · · · · ·

相較於未來即將發生的事，《紐約客》雜誌刊登《寂靜的春天》書摘所引發的迴響，不過是小意思。新書正式出版之後，在化學廠商與產業協會之間又掀起另一股風暴。全國農業化學協會迅速印製小冊子，駁斥瑞秋關於殺蟲劑濫用的說法。該協會堅稱，如果不使用農業化學用品，美國人永遠無法享受到商店裡豐富而「純淨」的食物。孟山都這家公司針對《寂靜的春天》的開場寓言，發表一篇嘲諷的仿作，這篇稱之為〈荒涼的歲月〉的仿作，把沒有殺蟲劑、昆蟲因而到處橫行的景象，描述為美國的經濟災難。

許多科學家也批評瑞秋。哈佛醫學院有位科學家將這本書斥為「一部劇情片」，在書裡頭，「卡森小姐吃力的扮演科學家」。還有一篇書評，公然下了一個性別歧視的標題：「請安靜，卡森小姐。」主流媒體也加入批判的行列，例如《時代》雜誌指責瑞秋「情緒化、無的放矢」，內容「過度簡化，完全錯誤」。

評論者從許多角度詆毀瑞秋，當他們挑不出書裡的實證錯誤時，就轉而對作者做人身攻擊。他們宣稱瑞秋「只有」碩士學位，沒有在大學裡任職，而以這樣的科學背景，她不足以理解、解釋科學。還有，她寫作的目標讀者是一般大眾，而不是科學家。他們堅信，一個可信的科學家從來不以普通讀

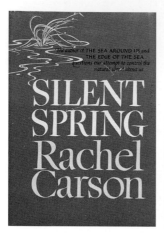

（左圖）《寂靜的春天》第一版的封面。
〔照片來源：霍頓·米夫林·哈考特出版公司〕

（右圖）1962 年與 1963 年全美國與加拿大各家報紙頭條。

者可以理解的文學風格寫作。

評論者還以瑞秋的女性身分大作文章。他們聲稱，像她這樣的女性「歇斯底里」、「不理性」又「情緒化」，和理性的男性科學家不同。一個熱愛貓和大自然的女性，大談由男性主導的科技世界所開發、生產的產品，她的話怎麼可以當真？

羅伯特·懷特－史蒂文斯是一名在美國氰氨公司工作的英國生物化學家，他高分貝的表達對《寂靜的春天》的憤怒：沒有殺蟲劑的美國，會是一個飽受飢餓和疾病糾纏的國度。他在演講和受訪中指責瑞秋是「自然平衡異端的狂熱捍衛者」、「嚴重歪曲事實」。

美國農業部也對這本書做出回應。一開始，有位代表表達憤慨並嘲諷的宣稱：「宣揚大自然的平衡，對好整以暇的寫書人來說是一件美好的事情。」而農業部長奧維爾·佛里曼表達較為中立的訊息：「沒錯，農業部明白卡森小姐的擔憂；農業部也有同樣的憂慮。然而，對於想知道政府如何有效保護公眾健康的大眾來說，該書傳達的訊息無法讓他們安心。」

瑞秋的回應

瑞秋堅持她在書中所寫的內容：她並非完全反對使用化學殺蟲劑，有條件控制的「點狀」噴灑有其價值；她反對的是化學品的濫用，用飛機和卡車大範圍噴灑，反對「做了再說」的心態，也就是在不知道使用後果的情況下，就批准化學品的使用。瑞秋以一句古老諺語：「安全總比後悔好。」強調她的觀點。幾十年後，科學家用「**預防原則**」一詞表示同一個觀念：人類有義務為當前以及未來世代的人，保護環境和人類的健康，做預防的措施。如果你不知道某項東西可能產生什麼影響，務必謹慎。

瑞秋不只是警告不要廣泛使用化學殺蟲劑，她鼓勵以「生物防治法」做為因應農業蟲害問題的替代方法。農民可以運用的方法，包括利用捕食害蟲的昆蟲；利用昆蟲自然產生和釋放的化學物質費洛蒙來設置陷阱；或將無生育能力的害蟲釋放到環境裡。她還提倡輪作與作物多樣性等農業實務。

1962 年 12 月時，瑞秋在全國婦女新聞俱樂部的演講裡，提到有一位記者採訪大眾對《寂靜的春天》的意見，記者寫道：「今天採訪的郡農場辦公室，沒有人讀過這本書，但是所有人都對本書內容由衷的表示不贊同。」瑞秋告訴聽眾這件事時，自己也忍不住微笑。

從《寂靜的春天》得到創作靈感的諷刺漫畫。
〔照片來源：赫布洛克基金會〕

《寂靜的春天》在 1962 年出版後，許多家報紙和雜誌的漫畫家，都藉機好好的發揮了一下！漫畫是表現一個主題或觀念所傳達訊息的媒介，經常激發讀者深入思考一件事，或是用新的角度看事情。單幅漫畫或多格短漫畫，通常有非常具體的焦點。漫畫家的繪畫和文字會使用以下表現手法：

◆ 誇飾：遠遠超過真實情況。「我被和我頭一樣大的蚊子咬了」，這就是誇飾。

◆ 反諷：也就是用文字或畫描寫相反的情況，或是突顯情況與現實之間的對比。一幅畫裡有兩個人頂著暴風雪前進，一個人對另一個人說：「這真是散步的好日子！」這就是反諷。

◆ 隱喻：以詞語暗示兩件事物之間的相似處，但不使用「就像」或「好似」等做連接。俗話說「人山人海」，這就是隱喻。

在這個活動，我們要試著畫一個關於環境議題或處境的簡短漫畫。

請準備：

◆ 紙、鉛筆、橡皮擦和尺
◆ 黑色細繪圖筆或鋼筆
◆ 彩色鉛筆或繪圖筆（非必要）

1. 先看一下第 125 頁和第 147 頁，兩幅靈感來自《寂靜的春天》的漫畫。你認為漫畫家在表達什麼？或是想要讀者思考什麼？找出漫畫家採用的手法。
2. 現在，思考一個你想要評論，或是你想要別人深入思考的環境議題。
3. 寫下你可能用到的觀念、可能的人物、話語和短句。
4. 思考一下你想要給讀者的訊息，決定你是要畫單格漫畫或多格漫畫。如果你決定畫多格漫畫，以三格漫畫為目標：第一格介紹人物和情況；第二格製造緊張；第三格丟出關鍵妙語或結尾。
5. 用鉛筆和尺在一張紙上畫出一大格，或是一系列三小格。格子的大小要能夠在裡頭寫字和作畫。
6. 用鉛筆畫出你的人物和對話框，或是其他字句。等到你想要表達的內容全部躍然紙上，用黑色細字筆描線。

延伸活動：

如果你想要的話，可以為漫畫著色。不過，有許多漫畫維持黑白畫面時，效果都非常好。

瑞秋的讚美者

‧‧‧‧‧‧‧‧‧‧‧‧‧‧‧‧‧‧

在瑞秋收到成打成打的信件中，還是有許多讚揚《寂靜的春天》的支持者。有支持者認為《寂靜的春天》曝露人類想要用科技控制自然的傲慢，瑞秋讓大眾看到，政府機關和大企業為了利潤，有可能枉顧公共利益。

《寂靜的春天》開啟了一場關於人類社會發展方向的辯論：製造過多的物質商品是否會影響人們與自然的關係？地球及其生態系是否禁得起人類的過度使用和濫用？從醫學、太空探索，再到食品生產，人類在各個層面如此強調科技解決方案，是否會讓社會誤入歧途？她播下懷疑的種子，激發人們思考這些問題。

瑞秋手捧她的著作《寂靜的春天》，攝於她的書房。〔照片來源：美聯社〕

瑞秋提出「地球管家」的觀念，也就是整個人類社會和地球的關係。我們是地球生態系的一部分，我們無法自外於地球。

許多科學家都支持瑞秋的觀點，只不過他們和產業團體不同：他們沒有廣大的受眾，也沒有雄厚的資金支持。以研究基因突變而獲得諾貝爾獎的科學家赫曼‧穆勒，寫了一篇讚美《寂靜的春天》的書評。醫生、牧師、作家和人道主義者史懷哲博士感謝瑞秋寫了《寂靜的春天》，也謝謝她把這本書題獻給他。瑞秋從史懷哲博士的中心思想「敬畏生命」得到啟發，所有的生命都應該受到尊重和照顧。

《夏綠蒂的網》的作者、《紐約客》雜誌作家 E‧B‧懷特寫信給瑞秋，說《寂靜的春天》是「有助於扭轉局勢的著作」。美國最高法院大法官、環保倡議者威廉‧道格拉斯稱《寂靜的春天》是「自《湯姆叔叔的小屋》之

後，最具革命性的一本書」。正如《湯姆叔叔的小屋》一書推動廢除奴隸運動、結束奴隸制度一樣，《寂靜的春天》鼓舞了還在起步的環保運動。

奧杜邦協會的野生保育生物學家羅蘭·克萊門特是瑞秋的支持者，他四處發表演說，傳揚瑞秋書裡的觀念。為了維護《寂靜的春天》，克萊門特挑戰農工科學家懷特–史蒂文斯的說法，在廣播節目中裡親自與對方辯論。

阿爾伯特·史懷哲
(Albert Schweitzer，1875-1965)

史懷哲先是學習神學，後來成為牧師和作家。在知道非洲的醫護人手嚴重短缺之後，他在三十一歲回到大學習醫，專攻熱帶醫學和外科。然後和他的護士妻子海蓮娜·布列斯勞一起前往非洲，他們在現今位於加彭的小鎮蘭巴雷內蓋了一家醫院。

不久之後，第一次世界大戰爆發，身為德國人的史懷哲和海蓮娜成為俘虜。史懷哲在 1924 年回到蘭巴雷內，以醫生、外科醫生和牧師的身分，在醫院度過餘生。他還在歐洲舉辦管風琴音樂會，幫助醫院募款，讓醫院可以擴大規模，一次收容 500 多名患者。

史懷哲奉行「敬畏生命」的理念，正如他的著作《文明的哲學》裡所寫到的，就是「善在於維持、促進、增強生命」，他相信每個人都應該幫助別人。他的人道主義工作獲得了 1952 年的諾貝爾和平獎，他以這筆獎金為麻瘋病患開設安置機構，讓罹患麻瘋這種慢性皮膚感染，今天稱為「漢森氏病」的病人得到妥善的照護。

史懷哲在晚年時曾談到核彈，令他沮喪的是，他無法說服世界停止製造、放棄核彈武器。

史懷哲博士，攝於 1955 年。〔照片來源：Alamy 圖庫攝影公司〕

高低起伏

在新書出版後的幾個月裡，瑞秋獲得許許多多獎項的肯定。她獲頒動物福利會的史懷哲獎章、國家婦女圖書協會的史金納獎，還有國家野生生物聯合會、全國婦女委員會、美國地理學會，和奧杜邦自然主義者學會的認可。

瑞秋最珍惜的榮譽之一，是她獲選為美國藝術與文學學院院士。入選這個榮譽學會的，都是美國頂尖的建築師、藝術家、作曲家和作家。瑞秋於1963年入選時，學院只有50個席次，只有在現任者離開或死亡時，才會遴選新院士。她是當時僅有的4名女性院士之一。

在重重喧囂聲中，無論是正面或負面的聲音，瑞秋一直都在與惡化的健康狀況搏鬥，她經常要忍受癌症強烈的疼痛。她取消了一些受獎演說，並婉拒來自瑞典的演講邀約。她對外隱瞞她的病情，推說她關節炎發作或是染上流感，做為取消活動的理由。

她盡一切所能度過身體的不適。甚至考慮過下一本書的計畫，將她之前發表的〈培養孩子的驚奇之心〉寫成一本書。她還想寫一本關於人類和自然的書。

真理的辯證

瑞秋婉拒大多數的採訪和出席邀請，只同意接受哥倫比亞廣播公司的新

聞節目「CBS 關鍵報告」的採訪。這集長達 1 小時的節目，標題為「瑞秋・卡森的寂靜之春」。

節目預定在 1963 年 4 月播出，而播出前不久，5 個廣告商裡有 3 個因為擔心節目可能引發爭議而撤掉廣告。儘管如此，還是有數百萬美國人觀看這集節目。節目中，兩名主持人分別訪問瑞秋、懷特－史蒂文斯和政府代表。

瑞秋想到她在螢幕上的形象，就覺得很緊張，節目採訪在她家拍攝期間，她一直在生病，身體虛弱。她戴上假髮，修飾自己掉髮的模樣。還好，瑞秋給觀眾的印象是冷靜、理性的，而且能言善道。「我們聽說過殺蟲劑的好處，」她說，「但是對它們的危害卻知之甚少……然而，大眾被要求接受這些化學物品，被要求默許它們的使用，而沒有掌握事情的全貌。」在節目後段，談到曝露於殺蟲劑的兒童會出現的生長延遲影響，她說：「接觸這些化學品之後，他們長大成人之後會發生什麼事？我們根本不知道。」她說，應該要有法律規定，化學殺蟲劑在核准銷售之前必須做遺傳影響測試。

對照之下，懷特－史蒂文斯穿著實驗袍坐在實驗室裡，態度顯得傲慢而輕蔑。他聲稱瑞秋的結論「在科學上、實驗上，以及這個領域的一般實務經驗上，完全沒有根據」。此外，他宣稱瑞秋「認為殺蟲劑實際上是殺死所有生命的殺生物劑，這個說法顯然很荒謬。」至於接受節目採訪的政府代表，則顯得狀況外、有些笨拙，常常只會用「我們不知道」或是「我們還沒有研究過」回答問題。

節目結束時，估計有 1000 萬到 1500 萬名觀眾，即使他們還沒有讀過《寂靜的春天》，也聽到瑞秋關於殺蟲劑濫用的訊息。節目把結語交給瑞秋，她

說：「我認為我們遇到人類前所未見的挑戰，這個挑戰需要證明我們人類的成熟度以及掌握能力，不過不是對自然的掌握能力，而是對我們自己。」

　　瑞秋對哥倫比亞廣播公司的節目很滿意。同樣讓她感到開心的是，到了下一個月，甘迺迪總統的科學顧問委員會發布一份期待已久的報告。稍早，就在《紐約客》雜誌刊出《寂靜的春天》書摘、但新書尚未正式出版前，甘迺迪總統舉行了一次記者會，一名記者在會上詢問，政府是否正在調查殺蟲劑的潛在危險。總統回答說：「是的，我知道他們已經在做。當然，我認為特別是因為卡森小姐的書的關係，他們已經在研究這件事。」事實上，他的科學顧問委員會已經接到審查殺蟲劑使用的任務，委員會後來邀請瑞秋與他們開會，而她也出席了。

　　1963 年 5 月，委員會發表了一份標題簡單的報告「殺蟲劑的使用」。這份報告批評政府和農業，因為他們讓公眾失望。哥倫比亞廣播公司製作一集續集的節目，並詢問瑞秋對報告的看法。她說覺得自己得到平反，「我特別高興的是，」她說，「報告重申公眾有權了解事實，畢竟這是我寫《寂靜的春天》的目的。」

　　不是所有政府官員都對瑞秋或她的書懷有敵意，甘迺迪總統的內政部長、環保主義者史都華·伍達爾就非常喜歡《寂靜的春天》，他成為政府緊縮農藥政策的主要倡導者。他的第一步是

瑞秋（照片中最左邊，全桌唯一的女性）與甘迺迪總統的科學顧問委員會開會。〔照片來源：經瑞秋·卡森協會同意使用〕

史都華・伍達爾
(Stewart Udall, 1920-2010)

史都華・伍達爾是一名美國律師。他曾當選國會議員，以及擔任了9年的內政部長。在這段期間，他把數百萬畝的土地劃定為國家公園、野生保護區和歷史遺蹟。許多保護空氣、水、荒野和瀕危物種的法律，都有他的參與。

卸下公職之後，伍達爾繼續從事保護荒野、環境、美洲原住民和終結核武器的倡議工作。2008年，他和妻子合撰〈我們子孫一定要知道的事〉一文，講述當今世界面臨的環境挑戰，包括石油生產、全球暖化、節約能源、空氣污染和浪費的消費。呼籲世人團結合作，秉持「關懷、分享和共同努力，超越所有障礙和界限，維護地球上的生命」。

在帕塔克森特野生動物研究中心新設一間實驗室，研究殺蟲劑對野生動物的影響。瑞秋由於在接受放射治療而無法出席開幕式，但是伍達爾在演講中向她致敬，他說：「一位偉大的女性，以她的文筆有力描述我們周圍環境受到的危害，喚醒整個國家。我們非常感謝瑞秋・卡森。」

6月，瑞秋出席一個政府委員會發表聲明，這個「里比科夫委員會」是在CBS報導播出後的第二天成立的，負責審查殺蟲劑和其他環境危害。瑞秋向委員會發表演說並回答他們的提問。兩天後，她在另一個正在審查政府限制農藥噴灑新法規的委員會發表證言。

在南港島的最後一個夏天

前幾個月的關注和公開露面，讓瑞秋筋疲力盡，到了6月底，她終於可以逃到她的南港島小屋。對於瑞秋來說，這是一個有苦有樂的夏天，她知道自己的病情有多麼嚴重，由於骨頭疼痛，她走路愈來愈吃力。不過，她仍然設法與她的朋友桃樂絲，一起在有潮池的海岸、有鳥鳴的森林，在美景的環抱下共飲美酒。

這個夏天在哀傷中結束——瑞秋心愛的貓莫佩特死了。第二天早上，她和桃樂絲到南港島一處她最喜歡的地點散心，看著帝王斑蝶在空中飛舞，牠們正要往南遷徙，永遠不會回來。瑞秋知道這些

為鳥兒喝采

　　鳥類在瑞秋・卡森的心目中占有重要地位，她一生熱愛鳥類。鳥兒五彩繽紛的羽毛、美麗的歌喉，一向能吸引人們的目光。鳥類在提供生態系服務方面扮演著關鍵角色——生態系服務就是大自然「免費」提供人類的事物。科學家將生態系服務分成四種類別：

調節	供應	文化	支持
在生態系裡調節或保持事物運作的服務： ◆ 潔淨水源和空氣 ◆ 防洪 ◆ 水土保持 ◆ 儲藏碳和調節氣候 ◆ 防治疾病和害蟲 ◆ 為植物授粉	生產給人類使用的產品： ◆ 淡水 ◆ 食物 ◆ 木材和纖維 ◆ 燃料和能源 ◆ 生物化學品 ◆ 藥物 ◆ 基因多樣性	能豐富人們生活的無形利益： ◆ 精神和宗教的重要性 ◆ 娛樂和生態旅遊 ◆ 靈感的啟發與心靈的寧靜 ◆ 教育 ◆ 文化遺產	支援生態系其他功能的服務： ◆ 藉光合作用製造植物體和氧氣 ◆ 養分的循環 ◆ 水的循環 ◆ 製造土壤

鳥類提供的服務繁多，在各類別的例子包括：

調節：為花朵授粉、吃掉害蟲、把種子帶到其他地方發芽、清理死掉動物的屍體。

供應：羽毛可以製衣、肉可以食用、糞便可以做肥料。

文化：賞鳥、精神意義、藝術創作。

支持：把養分從海洋帶回陸地、養分的再循環。

　　我們很容易把鳥類的存在視為理所當然，即便牠們會在公園長椅上留下討厭的鳥糞，但是，我們需要鳥類。反過來說，鳥類同樣需要我們給牠們所需要的健康、完整的生態系和棲息地。

蝴蝶的命運：向南遷徙的蝴蝶在溫暖的地方過冬，在第二年春天產卵，然後死去。

之後，瑞秋給她的朋友寫了一封信，說她那天早上有多麼開心，看到蝴蝶展開牠們生命最後的旅程，但仍然是一幅「歡欣的景象」。生命走到盡頭並不悲傷，那不過是生命旅程自然的結局。想到莫佩特的死，並且知道自己的生命即將結束，瑞秋很平靜。

帝王斑蝶。〔照片來源：iStock 免版稅圖庫公司〕

樹木提供哪些服務？

生物網、生物與非生物之間的關係，如何讓每種生物順利生存，這些是瑞秋·卡森一再寫作的主題。人也是生物，因此也不例外。沒有生態系和它所有的功能或服務，人類就無法存在。然而即使沒有人類，生態系依然可以存在。

如光合作用、授粉、靈感泉源等，生態系服務龐大複雜得令人難以想像。科學家和經濟學家都曾嘗試為它們標價。例如，如果人們必須自己授粉，那麼全世界的授粉成本總共是多少？這是一道困難的計算題。或許，比起為生態系服務訂價更值得去做的是認識它們、欣賞它們，然後積極保護它們、幫助它們。

這個活動能幫助你用全新的眼光來看樹木。

請準備：

◆ 補充單元「為鳥兒喝采」的列表
◆ 右頁樹形圖的影本
◆ 鉛筆
◆ 彩色鉛筆或馬克筆

重新閱讀「為鳥兒喝采」（第133頁），檢視四類生態服務的列表。現在把這張表格應用於樹木。在這些服務當中，樹木可以提供哪些服務？如何提供？例如，樹用根部吸收水分，並從葉片蒸散水分，藉此提供水循環服務。在樹形圖的葉子裡寫下樹木的服務，盡可能愈多愈好。如果需要，也可以自己加葉子。按照支持、調節、供給、文化四類，分別為葉子著上不同的顏色。

樹木的
生態系服務

瀕臨太平洋的美國
加州海岸。〔照片來源：
作者拍攝〕

Chapter 9

最後的篇章
及影響

「我們這個時代的諷刺之一就是，我們集中全力抵禦外敵，但是對於內患竟然如此掉以輕心。」——瑞秋・卡森，致《華盛頓郵報》書，1953 年 4 月 22 日。

瑞秋・卡森坐在輪椅上，四周環繞著加州繆爾森林古老的北美紅杉。她很高興能置身於這些高聳入天的大樹之間，更希望自己能獨自在森林中漫步。但是，即使拄了拐杖她也走不動，更不用說是在森林裡舖滿松樹針、苔蘚和蕨類植物的鬆厚地面行走。

瑞秋攝於 1962 年《寂靜的春天》出版時。
〔照片來源：Alamy 圖庫攝影公司〕

那一天稍晚，瑞秋的接待者帶她去看太平洋。之前她只去過一次，那一次是和她在政府工作的同事豪依一起，為《保育行動上路》系列小冊做研究而前往，那已經是 17 年前的往事。現在，海景當前，瑞秋喝著酒，滿心希望她還能探索海岸。

1963 年 10 月，瑞秋應邀在凱撒基金會舉辦的一場研討會發表開幕演說。凱撒基金會是分析健康議題的組織，能受邀在這場研討會上發表演說是莫大的榮譽，瑞秋不想錯過這個機會。不過，由於她的健康狀況不佳，這會是一趟辛苦的旅行，所以她的經紀人羅代爾主動提議陪伴她前往。瑞秋把養子羅傑留在家中，由她的研究助理照顧。

在加州，即使瑞秋坐在輪椅上被推著到處走，也沒有人知道她的病情究竟有多嚴重，和她較熟識的友人難免關懷詢問。瑞秋告訴大家，是她的關節炎發作了。事實上，癌細胞正在瑞秋的全身蔓延。有時候，一想到自己可能沒剩多少時間，可是還有想寫的主題，她就感到失落絕望。當她可以壓抑情緒時，她就繼續寫信、領獎和演說。

瑞秋把這場在舊金山凱撒基金會 1 小時演講的題目定為「環境污染」，她闡述對化學污染的擔憂，臺下超過 1400 名觀眾全神貫注的聆聽。她娓娓道來，講述化學品的危險性，它們如何長期停留在環境中，以及它們如何從一個地區轉移到另一個地區。她再次把使用殺蟲劑的危險與核子試驗的危險做類比。

在這次演講中，瑞秋首次公開稱自己為生態學家。

尾聲已近

回到家後，瑞秋發覺拿筆寫字愈來愈困難，因為她的上背部疼痛，右手麻痺。然而，她繼續為未來做計畫。她使用打字機，給查塔姆大學的校長寫信。查塔姆大學的前身是賓州女子大學，是瑞秋的母校。她在信中表示願意接受校長的邀請，在明年 5 月以大學第一批「查塔姆訪客」的身分返校訪問。查塔姆訪客計畫的用意是邀請有成就的校友返校，和在校學生交流。

大約在這個時候，瑞秋還計畫將她的書稿和文章手稿、研究筆記、剪報，還有其他與她的工作相關的物品捐給耶魯大學。耶魯大學剛剛成立拜內克古籍善本圖書館來保存這類藏品。

然而，瑞秋無法計畫的是羅傑的未來。十一歲的羅傑已經失去了母親和外曾祖母，現在他又將要失去養母。不知道怎麼一回事，瑞秋沒能做出明確的規畫，找到一個家庭收容羅傑，照顧、養育他度過青春期。她曾在給朋友的一封信裡表達她的希望，後來並在遺囑的附註裡提及，她希望桃樂絲的兒子夫婦、她的朋友兼編輯布魯克斯夫婦會接納羅傑。但是，她不曾直接問過這兩對夫妻。

1964 年 2 月中旬，瑞秋不確定她承諾查塔姆大學的 5 月訪問之旅能否成行。她寫信給校長取消出席，並說她非常遺憾。

2 個月後，1964 年 4 月 14 日，瑞秋在馬里蘭州銀泉市的家裡，心臟停止跳動。在她的窗外，風信子搖曳，樹枝冒出嫩芽，鳥兒啾啾唱著牠們的春之頌，瑞秋在日落前不久去世。當時她只有五十六歲。

瑞秋的心願

....

關於身後之事，瑞秋只表達了幾個願望。一是火葬，並舉辦一場簡單的追悼會，請鄧肯・豪列特牧師朗讀《海之濱》裡的一段文字。不過，瑞秋的葬禮並沒有按照她的遺願舉行，她的哥哥羅伯特接手治喪事務，他在華盛頓國家大教堂安排一場完美的葬禮，現場有銅棺，並為海上遇難者祈禱。

後來，瑞秋的朋友堅持將她火化，而豪列特牧師也在葬禮過後幾天，主持了一場私人追悼儀式。瑞秋的骨灰有一些埋在她母親的墳墓旁邊，其餘則由她的朋友桃樂絲撒在南港島的岩岸。羅傑最後則和布魯克斯夫婦以及他們的孩子同住。

南港島岩岸的一塊紀念碑，桃樂絲把一部分瑞秋的骨灰灑在這裡。這片海岸上方的岬角，是瑞秋和桃樂絲在 1963 年夏天一起看帝王斑蝶的地方。〔照片來源：作者拍攝〕

羅代爾實現了瑞秋的另一個願望：她聚集一群瑞秋的朋友和同事，包括她在政府工作時的同事布里格斯，籌組一個環保組織。這個組織一開始的名稱是「瑞秋·卡森生命環境信託」，後來更名為「瑞秋·卡森協會」。今天，它是一個致力於永續發展議題的全國組織。羅代爾還安排瑞秋那篇關於〈驚奇之心〉的文章，在 1965 年以《驚奇之心》一書出版。

瑞秋死後還獲得另一項榮譽：1980 年，卡特總統頒給她「總統自由勳章」，這是美國平民的最高榮譽。由羅傑代表領獎。卡特總統如此評價瑞秋：「她以不變的關心、一貫的能言善道，創造一股不退潮流的環保意識浪潮。」

環境保護法
· · · · · · · · · · · · · ·

由於瑞秋·卡森扎實的科學知識、充滿詩意的文筆，以及堅定不移的指引，美國大眾開始不斷提出質疑、要求改變。在她去世後的 10 年間，政府頒布了幾項法律：《潔淨空氣法》（1970 年）、《環境農藥控制法》（1972 年）、《瀕臨危機物種法》（1973 年）和《安全飲用水法》（1974 年）。除了這些，還有其他法案陸續在推動。

時間回到 1963 年，瑞秋在里比科夫委員會發表聲明時，曾被問到一個農藥和環境的問題：「是否應該成立新的政府部門，負責監督環境問題？」瑞秋堅定的回答「是」。她認為，促進農業發展與管制農藥都由同一個政府部門負責，令人匪夷所思，這其中顯然有利益衝突。

紙作「彩繪玻璃」帝王斑蝶

瑞秋·卡森在她人生的最後一年，與她的朋友桃樂絲一起觀賞帝王斑蝶，為牠們的美麗、脆弱以及往南方長途遷徙的堅韌而讚嘆不已。

這個活動結合色棉紙的脆弱與黑色卡紙的堅韌，創造美麗的「彩繪玻璃」帝王斑蝶來裝飾窗戶。

請準備：

◆ 右頁的蝴蝶圖案影本，可以放大到你想要的尺寸，愈大就愈容易挖空
◆ 剪刀
◆ 白色粉筆
◆ 黑色卡紙或黑色圖畫紙
◆ 鉛筆或原子筆
◆ 單孔打孔器
◆ 可查詢資料的資源，如圖書館或網路
◆ 白色、橘色和黃色的色棉紙
◆ 口紅膠、白膠或透明膠帶
◆ 細線

1. 剪下蝴蝶圖案，在一張黑色卡紙上用白色粉筆描出輪廓。
2. 粉筆塗滿蝴蝶圖案紙的背面，做為轉印用。
3. 蝴蝶圖案朝上，放進你剛剛在黑色卡紙描出的輪廓裡。用鉛筆或原子筆描畫圖案裡的黑線，讓線條轉印在黑色卡紙上。要用力一點，轉印效果才會好。可以用鉛筆或粉筆，把黑色卡紙上淡淡的轉印線再描過一次。你也可以徒手用粉筆在黑色卡紙上畫圖案。
4. 用剪刀沿著輪廓把蝴蝶剪下，並把內部的斑紋圖案挖空。
5. 翅膀邊緣和頭部的圓點，用單孔打孔器挖空。

6. 在書裡或上網找一張帝王斑蝶的彩色照片，了解牠們翅膀的顏色分布。把色棉紙剪成大小可以覆蓋內部圖案的小片。把色棉紙黏貼在黑色卡紙的其中一面。前翅部分要多貼幾層，以加深顏色。

7. 在蝴蝶身上黏貼一段細線，把它
　 掛在天花板或窗前，或是直接把
　 你的彩繪玻璃創作貼在窗戶上。

延伸活動：

製作許多隻蝴蝶或是其他動物，貼
在窗戶上。黑夜來臨時，如果屋裡
亮燈，往來的行人就可以欣賞。

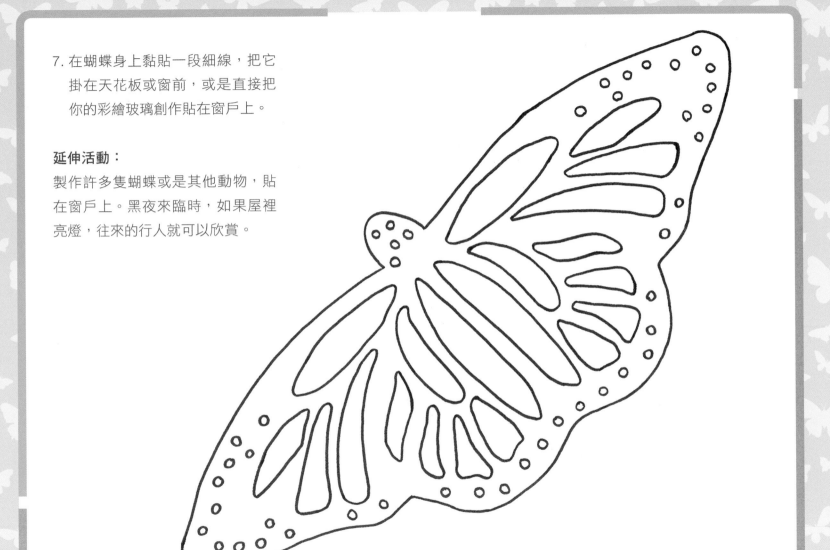

最後，在 1970 年時，尼克森總統宣布成立環境保護署，他說，「有一件事愈來愈清楚，那就是我們需要了解整體環境——土地、水和空氣。」環境保護署在成立後的 5 年裡就有許多建樹：根據新的潔淨空氣法制定空氣污染物標準，並根據新的安全飲用水法制定公共供水標準；開始與加拿大一起清理五大湖；禁止車輛使用含鉛汽油，還禁止使用瑞秋在《寂靜的春天》中寫到的許多殺蟲劑，包括 DDT。

反對聲浪不停歇

DDT 的禁令掀起另一波針對瑞秋的批評聲浪，直到今日還有人繼續抨擊她。他們指責瑞秋要為瘧疾肆虐的國家（主要是非洲）喪失的數十萬條人命負責。瘧疾是一種由寄生蟲所引起，並由蚊子傳播的疾病，會引起高燒和發冷，並可能導致嚴重的併發症，甚至死亡。

無可否認，瘧疾確實是可怕的疾病，需要嚴正關注。然而，把瘧疾造成的死亡歸咎於瑞秋，未免奇怪。現在美國禁止在境內使用 DTT，但是，世界衛生組織繼續使用 DDT 控制瘧疾，而且直至今日依然如此。

世界衛生組織致力於讓瘧疾在全世界絕跡，而它使用的方法有好幾種，其中包括有限度的在室內噴灑 DDT 和其他殺蟲劑，還有使用蚊帳。

在《寂靜的春天》一書裡，瑞秋肯定有限度的使用殺蟲劑有其價值。她寫道：「我並非主張絕對不用化學殺蟲劑。」在該書的後半，她支持一項修改

後用於農業的噴灑計畫，這項計畫盡可能使用自然的昆蟲防治措施，只在需要時，針對明確的對象投放低劑量的殺蟲劑。世衛組織的瘧疾防治及根除工作所倡導的，也是這種方法，即採用非化學方法，搭配一些防治範圍明確的化學方法。

使用殺蟲劑對抗病媒蚊，令人憂心的一個層面是昆蟲對化學物質的抗藥性。由於反覆接觸，蚊子繁殖出下一代所需的時間又較短，有些蚊子便開始對化學物質發展出抵抗力或耐受性。瑞秋曾寫到，有幾個國家的瘧疾病媒蚊就出現這種變異，而能在 DDT 噴灑下中存活。這個例子的情況也適用於其他疾病、昆蟲和化學產品。

瑞秋在《寂靜的春天》中寫道：「沒有任何一個負責任的人，會主張忽視那些由昆蟲傳播的疾病。」只是，瑞秋想要傳達的訊息是，過度噴灑會釀成兩個錯誤：第一，把對健康有長期影響的毒素引入環境；第二，破壞原本有效防治病媒蟲的殺蟲劑。批評者忽略了一個事實，那就是瑞秋肯定有限度、受控制的使用化學品，他們只是片面擷取她談到大範圍噴灑所存在危險的訊息，把它視為散播恐懼和假警報。

環境運動

●●●●●●●●●●●●●●●

雖然《寂靜的春天》在有些層面不同於瑞秋的前作，但是它們其實是一脈相連。瑞秋熱愛大自然，身為一名生態學家，她用文章和三本以海洋為主

題的書籍，為她的讀者栩栩如生的刻畫大自然的繁複精妙。在她的第四本書裡，她邀請她的讀者認識大自然的脆弱。

她的書和生態學家工作的基本思想，就是所有生物與其環境之間都互有關聯。她相信，我們都負有道德義務，保護那些無法保護自己的人，無論是已出生或未出生的孩子，還是所有自然界的居民。她也相信，人們會保護他們尊重和熱愛的東西。對自然世界的驚奇感受，源自於對環境的尊重和熱愛。

由於瑞秋呼籲大眾建立環境倫理觀念，所以許多人尊她為「現代環境運動之母」。瑞秋並不是第一個談論污染或殺蟲劑危害的人，但是她可能是最有影響力的人。

在《寂靜的春天》出版的數十年前，就已經有人針對環境和人類健康提出擔憂，尤其是在災難發生之時。例如，1948 年時，賓州多諾拉市的鋼鐵廠排放有毒煙霧，造成 20 人死亡，600 多人住院。這起「大霧霾」事件，加上其他城市的空氣品質問題，使空氣污染頓時成為美國的重大新聞，並促成一些最早的空氣污染法規的立法。

在《寂靜的春天》出版之前，美國就存在許多環境組織。其中包括 1905 年成立的國家奧杜邦學會，宗旨是保護鳥類；1935 年成立的荒野協會，宗旨是保護野生地區；以及 1951 年成立的自然保護協會，旨在保護重要生態系。

《寂靜的春天》出版之後，更有其他環保組織陸續成立，包括環境保護基金會。這個組織是由紐約長島的一位科學家在 1965 年時草創，當時他正在研究魚鷹，在未孵化的蛋中發現了 DDT。郡政府因為蚊子防治計畫拒絕停用 DDT，於是這位科學家和一些同事以及一名律師，一起代表環境控告薩佛克

流行文化裡的瑞秋・卡森

瑞秋與她在《寂靜的春天》裡所傳達的訊息，進入 1960 年代的流行文化，在許多漫畫裡都可以看到。有一幅漫畫是一隻螳螂在睡前祈禱，祈求上帝保佑牠的母親、父親和瑞秋。還有一幅是憤怒的父親告訴孩子，不要用瑞秋當做不吃菠菜的藉口。瑞秋去世後，有一幅感人的漫畫描繪的是各種昆蟲和鳥類採集花朵，放在她的墓碑上。

瑞秋的思想也進入音樂作品，例如瓊尼・米歇爾在 1970 年發行的熱門歌曲「黃色大計程車」，講的是人類破壞自然，直到自然消失殆盡，才意識到我們曾經擁有的東西。歌詞裡提到 DDT，而且懇求大家不要使用殺蟲劑，讓鳥類和蜜蜂可以生存。2002 年，數烏鴉合唱團曾翻唱這首「黃色大計程車」。

多年來，《寂靜的春天》激發更多歌曲、樂器演奏作品、交響樂、舞臺劇、詩歌、視覺藝術、郵票，以及其他向作者致敬與表達迴響的創作。Google 在 2014 年以首頁的塗鴉牆慶祝瑞秋的 107 歲生日。

一則提到瑞秋・卡森的史奴比漫畫，作者是查爾斯・舒茲。〔照片來源：連環漫畫發表聯盟授權無償再製使用。〕

郡蚊子委員會。在 1960 年代,科學家與律師聯手是罕見的結盟,顯然這個陣線奏效了。這個團隊申請到一道禁止使用 DDT 的臨時命令,足以讓他們按照計畫,在法院層層上訴。在他們與其他環境運動家的不懈努力下,最終促成 1972 年頒布美國全國禁用 DDT 的禁令。

還有其他災難成了環境運動的助力。1969 年 1 月,一座石油鑽井平臺在加州聖塔芭芭拉附近的海岸爆炸。11 天當中,從井中外洩的原油足以覆蓋近 88 公里的海岸線。當時,聖塔芭芭拉漏油事件是美國歷史上最嚴重的環境災難,摧毀無數海洋生物,如無脊椎動物、巨藻床、魚類、海豹、海豚,還有海鳥。地方上的居民紛紛出動,援救這些裹滿油污的野生動物。油井公司的總裁不解的說:「幾隻鳥的死亡竟然能引起這麼高的關注,令我訝異。」但是,尼克森總統明白這起事件的重要性,事件發生僅 1 年之後,他就成立環境保護署。

1969 年,來自威斯康辛州的參議員蓋洛德・尼爾森,一直致力於提高同事對環境問題的興趣,但是成效不大。在目睹聖塔芭芭拉漏油事件之後,他決定嘗試另一種做法:他模仿抗議越戰的學生運動,提議在全國做「抗議教學」,以提高人們對環境的認識。這個構想得到了大眾的響應,1970 年 4 月 22 日,大約有 2000 萬美國人舉行集會、種樹和清理垃圾,以表達他們對提升環境健康的支持。「世界地球日」已經發展成一場世界性的環境保護運動,以捍衛乾淨的環境、保護地球脆弱的多樣性。

設計宣導海報

有很多方法可以喚起他人關注你對環境的想法和擔憂。瑞秋用的方法是寫文章和寫書，另一個有效的方法是設計一張海報，張貼在學校或社區，例如公共圖書館或娛樂中心。記得張貼前要先徵求許可。

請準備：

◆ 做筆記和寫計畫的草稿紙
◆ 鉛筆
◆ 海報看板
◆ 麥克筆，或是水彩和水彩筆
◆ 舊雜誌或彩色舊報紙
◆ 剪刀
◆ 白膠或口紅膠

1. 思考一下，你想要強調的環境議題，還有你希望大家能從海報裡獲得什麼訊息。
2. 在草稿紙上寫下一些醒目的短句或標題，以吸引大家的注意。寫下人們可以採取哪些有助於解決問題的行動。
3. 先用草稿紙勾勒海報的設計，海報要有醒目的標題、圖片以及與問題相關的簡要資訊，還有人們可以採取的正面行動。
4. 先在海報上用鉛筆畫出你的設計，再用麥克筆或顏料塗上顏色，或是貼上從雜誌、彩色舊報紙剪下的圖片。

延伸活動：

設計一款小張黑白海報，在著色之前複印。這樣你就可以多張貼好幾張海報，讓更多人看到你要傳達的訊息。

現今的狀況

　　自瑞秋的時代以來，雖然許多領域都在進步，但邁入 21 世紀，環境議題在生活中仍然無所不在。我們經常聽到各種有關環境的消息，如空氣污染、受污染的水供給、食物裡的化學殘留物、森林和草原的破壞、珊瑚白化、極地冰層崩塌、人口過剩、受污染的野生環境、有害物質溢漏，以及海洋裡的塑膠墳場。

　　我們還目睹愈來愈多極端氣候發生，以及目前因地球暖化而加劇的事件：異常強烈的颶風、更多發生在「非當令時節」的野火，還有更廣泛的乾旱，這些只是其中幾個例子而已。然而，和 1950、1960 年代不同的是，現今有許多人意識到、關心、也願意站出來，為他們認為必須改變的事情大聲疾呼。

　　如果瑞秋·卡森今天還在世，我想我們現在的環境狀況，會讓她感到難過。我們的地球遵循的是自然科學：物理學、化學和生物學。自然的法則不會為國界或政治理念而轉彎。包括人類在內的所有生命，都受制於自然法則和地球的維生系統：空氣、水和土壤。我們的全球生態系有時候被稱為「蓋婭」，這是希臘神話裡的大地女神。蓋婭是一個有韌性的生態系，能夠適應它承受的各種攻擊，數千年來始終如一。只不過，過去有韌性的調整能力，還能容許目前的生命在地球上繼續蓬勃發展、甚至生存嗎？

　　不過我相信，如果瑞秋看到這麼多人為一個更健康、更永續的地球而努力不懈，也會深為感動。有些人貢獻於大型環境組織，有些人則和小型團體合作。這群人包括海岸清理人員、社區園丁、溪流管理員、植樹者、自然學

校教師、公民科學家等等，不勝枚舉。他們不僅協助保護、恢復或欣賞自然，還協助教育人們理解生態系如何運作，以及如何利用這些知識推動生態永續。

除了透過組織化的團體做出貢獻，我們還有許多選擇，可以在看似微不足道的日常行動裡，讓世界更美好。任何個人行動都可以發揮累積和加乘的效果，在日積月累下，透過群體放大。一個家庭或一個人都可以做到減少購買；多做資源回收；使用可重複使用的袋子和瓶子；選擇不使用殺蟲劑；種植本地植物；吃當地種植的食物；隨手關燈；節約用水；通勤時選擇步行、騎自行車、搭公車或是共乘；還有要求民選官員做出改變。瑞秋已經向我們證明，即使是寫一首詩、一個故事或一本書，都能讓情況改觀。

身為地球公民的你，未來與你息息相關，而現在你就可以開始行動。自然對你的意義是什麼？你要如何深化自己的生態素養，並幫助他人提升素養？瑞秋・卡森的生活和思想，對你有何啟發？

1987 年，《寂靜的春天》出版 25 週年，匹茲堡藝術家米奈特・畢克爾畫的瑞秋・卡森肖像。〔照片來源：查塔姆大學檔案館和特別收藏館〕

瑞秋・卡森的影響

在大部分世人心目中，瑞秋是殺蟲劑污染的揭發者，這點確實沒錯。但是，她對世界的貢獻遠遠超過《寂靜的春天》這本書。她描述大自然界許多的各種關係，讓一般人也可以理解生態學。她向世人展現，一個人的聲音，如何讓無數人聽到，不只是傳遍美國，而且還傳遍世界各地。在一個女性領

導者有如鳳毛鱗角的時代，她證明女性可以挺身而出，大聲說出自己的想法，而且被傾聽。她相信自己的聲音可以被聽到，而她也確實做到了，即使要不停的與家庭責任，和自身每況愈下的健康艱苦奮戰。

今日，我們面臨著許多環境挑戰。如果我們也能像瑞秋·卡森一樣，運用一絲不苟的研究態度、犀利精確的提問、堅定的決心，並對這個牽一髮動全身的大千世界，一直抱持著無限驚奇之心，我們一定能找到解決之道。

艾爾·高爾
(Al Gore，1948-)

1993 年至 2001 年擔任美國副總統的高爾，多年來一直是氣候變遷的社會運動家。他在 2006 年寫了一本書《不願面對的真相》，同時也是當時一部同名紀錄片的主述者。次年，他因為致力於宣揚有關氣候變遷威脅的訊息而獲得諾貝爾和平獎。獎項由高爾與政府氣候變遷專門委員會共同獲得。這個委員會是聯合國設立的國際組織，宗旨在研究氣候變遷科學。

高爾把自己對環境問題的參與歸功於瑞秋·卡森。1994 年，《寂靜的春天》再版時，他為書寫序，描述他青少年時期讀到這本書、家人圍著餐桌討論這本書的情景。他還透露，他的辦公室裡掛著瑞秋的照片。他寫道，「她的工作、她揭露的真相、她所啟發的科學和研究，不只是限制殺蟲劑使用的有力論述，也是個人可以扭轉乾坤的有力證明。」

寫一封信給瑞秋・卡森

現代人習慣使用電子郵件或發送簡訊，過去的人則是習慣寫信和寄信。瑞秋在她的一生中寫了數千封信，有的是給家人和朋友，有的是給編輯和出版商，有的是給科學家和其他專家，還有的是寫給她的粉絲讀者。其中有許多是她的親筆信，有些則是她用打字機打出來的。

現在，你對瑞秋的自然思想和觀點有了更多了解，何不寫一封信給她，談談今日的環境，以及自從她出版《寂靜的春天》一書以來，情況又起了怎麼樣的變化。

請準備：

◆ 紙和筆或鉛筆，或是電腦

1. 擬定信的主題：你可以廣泛談論當今世界的環境，也可以以某個主題為焦點，例如自 1960 年代以來的 DDT 使用情況，或是白頭海鵰自 1960 年代以來的族群數量，或是海洋裡的塑膠污染，或是瑞秋可能會有興趣的眾多其他主題。

2. 構思內容要點。

3. 寫下日期和寫信的對象的尊稱，假裝你會把信寄給瑞秋。

4. 接著寫出：
   ◆ 開場，說明你寫信的理由
   ◆ 中段，說明你想讓瑞秋知道的事情
   ◆ 結尾，總結你的想法

5. 最後，在信末簽名，完成這封信。

延伸活動：

選一個你關心的環境問題，然後寫一封信給地方民意代表。使用前述格式。寫信給政治人物之類的對象表達你的擔憂時，你也應該請求對方回覆，並感謝對方讀你的信。

謝辭

　　我要深深感謝許多人，他們在我為我心目中的英雄瑞秋‧卡森展開研究，並寫作本書的期間提供協助。我要感謝我的父母，安‧史基德摩爾與安格思‧芮伊的支持；謝謝愛咪‧歐昆、艾爾斯佩‧芮伊、瑪婷‧史翠特、夏莉琳‧華德羅以及安德魯‧威爾森，在本書寫作計畫的各個階段的建議和鼓勵；謝謝堤埃拉‧布爾曼，以及我的女兒吉妮維芙與和梅德蓮‧威爾森，協助測試本書的活動單元，以及他們深具感染力的熱情；謝謝伊芳‧唐、夏恩‧瑞格斯、艾麗絲‧芮伊和卡麥隆‧史丹頓一雷德，在我 2018 年 4 月的「瑞秋朝聖之旅」期間收留並接納我；感謝西岸編輯社的伙伴，不厭其煩的聽我講述我的「瑞秋計畫」。

　　我也要謝謝匹茲堡查塔姆大學檔案室的茉莉‧提格，在臨時通知的情況下讓我查閱文件和照片；琳達‧李爾讓我閱覽她在 1997 年為瑞秋寫傳記時累積的蒐藏，包括照片；新倫敦康乃迪克學院，琳達‧里爾特殊蒐藏品與檔案中心的蘿絲‧奧利維拉和班哲明‧潘西拉協助我瀏覽瑞秋蒐藏品；康乃迪克州紐哈芬市，耶魯大學拜內克古籍善本圖書館的安‧瑪麗‧門塔，以及緬因州路易斯頓市，貝茲學院穆斯基檔案與特殊蒐藏品中心的凱特琳‧蘭普曼，幫助我尋找照片；瑞秋‧卡森家園協會的琴‧賽西爾，為我導覽瑞秋在賓州泉谷鎮童年時期的家；黛安娜‧波斯特和克里佛‧霍爾，以及瑞秋‧卡森地標聯盟，在瑞秋位於馬里蘭州銀泉市的家裡接待我；瑞秋‧卡森協會的羅

斯‧費德納的鼓勵以及在視覺素材上的協助；瑞秋的養子羅傑‧克里斯帝，接受我電話和電子郵件的諮詢；桃樂絲‧佛里曼的孫女瑪莎‧佛里曼，准允我重製一些照片；德克、皮耶與珍‧汎倫應允我重製他們祖父的一幅繪圖；蘇珊‧畢克爾‧史西歐里與蜜奈特‧畢克爾‧波賽爾與我通訊，談論他們母親的藝術作品，並准允我重製她所作的瑞秋肖像；還有派翠西雅‧德馬可，與我談論她與瑞秋相關、受到瑞秋啟發的作品。

我還要謝謝在取得資訊和照片方面大力協助的人們：麻州伍茲霍爾海洋生物實驗室的黛安娜‧肯尼；伍茲霍爾歷史博物館的黛比‧史坎隆和蘇珊‧維澤爾；伍茲霍爾海洋研究所的傑恩‧杜塞特；巴爾的摩約翰霍普金斯大學薛里丹圖書館的吉姆‧史汀伯特；伊利諾州布魯明頓市麥克林郡歷史博物館的喬治‧柏金斯；美國國家海洋及大氣管理局西北漁業科學中心的泰瑞‧法拉第；美國地質調查局帕塔克森特野生生物研究中心的琳達‧魏爾；以及沃爾登森林計畫的傑夫‧克拉默。

我要特別謝謝我的朋友、寫作伙伴卡洛琳‧康伯斯評論整本書稿的草稿；珍妮佛‧索默、娜塔莉‧羅佩拉和卡拉‧默勒評論部分書稿；還有 2007 年一本瑞秋‧卡森傳記的作者、歷史學家馬克‧漢米爾頓‧里透審閱書稿，並幫助我改進內容。

我也要謝謝麗莎‧瑞爾登爭取這項寫書計畫。最後，我要對我的編輯傑若米‧波倫、文稿編輯班哲明‧克拉波爾以及芝加哥評論出版社整個團隊，致上深深的感謝，在他們的一路引導下，我的書稿才能成為一本真正的書。謝謝大家！

名詞解釋

- **abiotic 非生物**：屬於環境中無生命的部分。

- **abyssal 深海區**：一般指海面下 200 公尺以下的海域。

- **adaptations 適應**：生物經過演化，發展出適合在所處環境裡生存的行為和生理特徵。

- **algae 藻類**：生活在水生環境，能行光合作用的生物，不屬於植物界。浮游植物和海藻都是藻類。

- **apex predator 頂級掠食者**：位居食物鏈中最高營養級的動物。

- **benign 良性**：指不會造成傷害。

- **bioaccumulation 生物累積**：生物體的生命期間，一項物質，通常是有害的化學物質，在其體內積累存量。

- **biocide 除生物劑**：能夠傷害或殺死生物的物質。

- **biomagnification 生物放大效應**：在食物鏈中各層級的動物，攝取具有生物累積物質的食物，使得有害的化學物質隨著營養級的增加而增加。

- **biome 生物群系**：規模非常龐大的生物群體。

- **biotic 生物**：屬於環境中有生命的部分。

- **carcinogen 致癌物**：會在生物體內引發「癌」細胞生長失控的物質。

- **carnivore 食肉動物**：以動物為食的動物。

- **community 群落**：一群彼此互動的生物。

- **consumer 消費者**：從食用活著或死亡的動植物而取得能量的動物。

- **cycle 循環**：大自然裡物質從一個地方轉到另一個地方、從一種形式變為另一種形式的程序。

- **DDT**：一種合成化學殺蟲劑的簡稱，全名是「雙對氯苯基三氯乙烷」（**d**ichloro**d**iphenyl**t**richloroethane）。

- **decomposer 分解者**：把死亡的植物與動物分解成基本營養素的生物。

- **ecological succession 生態演替**：群落由簡單發展到複雜，一個群落替代另一個群落的自然演變現象。

- **ecologist 生態學家**：研究生態學的科學家。

- **ecology 生態學**：研究生物如何與彼此、環境互動的科學。

- **ecosystem 生態系**：一個特定的環境中共存的植物、動物與非生物，相互作用形成一個整體的統稱。

- **ecosystem services 生態系服務**：大自然裡用以維持人類生命和生存的事物。

- **environmental movement 環境運動**：以保護地球的天然資源、生態系與野生生物為共同目標，並為此而努力

的群眾運動。

- **food chain 食物鏈**：生物依吃和被吃順序而排列的關係。食物鏈最底層是生產者，最上一層是頂級掠食者。
- **food web 食物網**：生物群落裡所有食物鏈的組合。
- **habitat 棲地**：各類生物生活和生長的自然環境。
- **herbicide 除草劑**：用以傷害或殺死植物或藻類的物質。
- **herbivore 植食性動物**：以植物或藻類為食的動物。
- **insecticide 殺蟲劑**：用以傷害或殺死昆蟲的物質。
- **intertidal 潮間帶**：位於滿潮線和乾潮線之間的海岸。潮間帶生物有時淹沒在水下，有時曝露在空氣中。
- **malignant 惡性**：有害的，通常用於描述腫瘤。
- **migration 遷徙**：動物從一地到另一地的移動，通常隨著季節轉換進行。
- **nearshore 近岸區**：靠近海岸的海與海床地區。
- **niche 生態區位／棲位**：是一個物種在所處的環境中和非生物、生物之間的交互作用所扮演的角色。
- **organism 有機體**：任何有生命的東西。動物、植物、原生生物、真菌和細菌都是有機體。
- **pelagic 遠洋區**：遠離海岸的開放水域。
- **persistent organic pollutant (POP) 持久性有機污染物**：因分解速度緩慢而長時間存在於環境的有害化學物質。通常很容易藉由空氣或水而傳播到很遠的地方，並會累積在生物體的體內，在食物鏈裡隨著營養級的增加而放大，產生生物放大效應。
- **pesticide 殺蟲劑**：用以傷害或殺死「害蟲」的物質，而「害蟲」是人們對於自己想要擺脫的動物的通稱。
- **photosynthesis 光合作用**：植物和藻類利用陽光把二氧化碳和水轉化成氧氣和糖的過程。
- **phytoplankton 浮游植物**：懸浮在淡水或海水裡、微小的單細胞藻類。
- **planktivore 食浮游生物動物**：以浮游生物為食物的水生動物，浮游生物包括浮游植物和浮游動物。
- **plankton 浮游生物**：懸浮在淡水或海水裡，微小的植物和動物。有些可以自己移動，但都無法對抗強勁的水流。
- **precautionary principle 預防原則**：人類有義務為當前以及未來世代的人類健康保護環境，做預防的措施。
- **predator 掠食者**：捕捉其他動物為食物的動物。
- **prey 獵物**：被掠食者當成食物的動物。
- **prey 捕食**：掠食者捕捉動物為食物的行為。
- **primary consumer 一級消費者**：以生產者為食物的動物，位於食物鏈的第二層。由於食用植物或藻類，所以也稱植食動物。
- **producer 生產者**：位於食物鏈最底層的生物。植物和藻類是地球上的主要生產者，它們透過光合作用產生生長

所需的養分和能量。

- **quaternary consumer** 四級消費者：以三級消費者為食物的動物，位於食物鏈的第五層。
- **radiation treatment** 放射治療：一種治療癌症的方法，利用放射性物質的輻射來控制或破壞癌細胞。
- **secondary consumer** 二級消費者：以一級消費者為食物的動物，位於食物鏈的第三層。
- **synthetic chemical** 化合物：人類在科學實驗室裡製造合成的化學物。
- **tertiary consumer** 三級消費者：以二級消費者為食物的動物，位於食物鏈的第四層。
- **transpiration** 蒸散作用：水分在植物體內以水蒸氣的形式，從葉片、枝幹、花朵等部位散失到空氣中。
- **trophic level** 營養級：生物在食物鏈所占的位置，生產者是一級營養級，級數隨著食物鏈層級而逐級增加。
- **water cycle** 水循環：水由不同的地方透過吸收太陽能量轉變為不同的形式，出現到其他地方的過程。
- **zooplankton** 浮游動物：懸浮在淡水或海水的微小動物。

探索資源

◇ 瑞秋・卡森的著作

《海風下》*Under The Sea-Wind*
《大藍海洋》*The Sea Around Us*
《海之濱》*At the Edge of the Sea*
《寂靜的春天》*Silent Spring*
《驚奇之心》*The Sense of Wonder*

◇ 參考網站以及參訪地點

關於瑞秋・卡森的生平與遺澤
www.rachelcarson.org
由琳達・李爾所彙整，她著有一本詳盡的瑞秋・卡森傳記。

瑞秋・卡森協會（Rachel Carson Council）
www.rachelcarsoncouncil.org
組織原名為「瑞秋・卡森生命環境信託」，由瑞秋・卡森的朋友雪莉・布里格斯在 1965 年所成立，以延續瑞秋・卡森的工作。

瑞秋・卡森家園（Rachel Carson Homestead）
位於美國賓州泉谷市

www.rachelcarsonhomestead.org
瑞秋‧卡森出生和童年時期的家，現在是美國國家歷史遺址。

瑞秋‧卡森地標聯盟（**Rachel Carson Landmark Alliance**）
馬里蘭州銀泉市
www.rachelcarsonlandmarkalliance.org
現在是美國國家歷史遺址。瑞秋‧卡森書房的一角已經按照當年她在世時的樣貌修復。

瑞秋‧卡森的寂靜的春天，改變世界的書
Rachel Carson's Silent Spring, A Book that Changed the World
www.environmentandsociety.org/exhibitions/silent-spring/overview
由馬克‧史托爾所設的虛擬展覽，展覽在 2012 年上線，以紀念《寂靜的春天》一書出版 50 週年。

瑞秋‧卡森國家野生保護區（**The Rachel Carson National Wildlife Refuge**）
www.fws.gov/refuge/rachel_carson/
成立於 1966 年，在 1969 年以瑞秋‧卡森的名字命名。保護區位於緬因州，沿著海岸綿延長達 80 公里。

伍茲霍爾科學水生館（**Woods Hole Science Aquarium**）
麻州，伍茲霍爾
www.nefsc.noaa.gov/aquarium
成立於 1885 年，是美國歷史最悠久的海洋水生館，瑞秋‧卡森曾在海洋生物實驗室短期工作。

國家圖書館出版品預行編目（CIP）資料

跟大師學創造力.6：瑞秋.卡森與環境保育+21個生態實作/蘿薇娜.芮伊
(Rowena Rae) 作；周宜芳譯.-- 初版.-- 新北市：字畝文化創意有限公司出版
：遠足文化事業股份有限公司發行, 2022.08
160 面；24×19　公分
譯自：Rachel Carson and ecology for kids : her life and ideas, with 21 activities
and experiments
ISBN 978-626-7069-83-7(平裝)
1.CST: 卡森 (Carson, Rachel, 1907-1964) 2.CST: 傳記
3.CST: 科學家 4.CST: 通俗作品
785.28　　　　　　　　　　　　　　　　　111008649

STEAM011
跟大師學創造力 6：瑞秋・卡森與環境保育 + 21 個生態實作

作者／蘿薇娜‧芮伊 Rowena Rae　譯者／周宜芳

字畝文化創意有限公司
社長／馮季眉　編輯／戴鈺娟、陳心方、巫佳蓮　特約編輯／許夢虹
封面設計及繪圖／Bianco Tsai　美術設計及排版／菩薩蠻電腦科技有限公司

讀書共和國出版集團
社長／郭重興　發行人兼出版總監／曾大福　業務平臺總經理／李雪麗　業務平臺副總經理／李復民
實體通路協理／林詩富　網路暨海外通路協理／張鑫峰　特販通路協理／陳綺瑩
印務協理／江域平　印務主任／李孟儒

出版／字畝文化創意有限公司　發行／遠足文化事業股份有限公司
地址／231 新北市新店區民權路108-2號9樓　電話／(02)2218-1417　傳真／(02)8667-1065
電子信箱／service@bookrep.com.tw　網址／www.bookrep.com.tw

法律顧問／華洋法律事務所　蘇文生律師　印製／中原造像股份有限公司

2022年8月　初版一刷
定價：380元　書號：XBST0011　ISBN：978-626-7069-83-7

特別聲明：有關本書中的言論內容，不代表本公司／出版集團之立場與意見，文責由作者自行承擔。